M. BASILEA SCHLINK: REALITÄTEN

M. BASILEA SCHLINK

REALITÄTEN

GOTTES WIRKEN – HEUTE ERLEBT

Evangelische Marienschwesternschaft
Darmstadt - Eberstadt

ISBN 3 87209 266 9

1. Auflage 1962
5. veränderte Auflage 1968
12. erweiterte Auflage 1983
16. Auflage 1995

137. bis 139. Tausend

Übersetzt in 40 Sprachen

Herstellung: Druckhaus West GmbH, Stuttgart

INHALTSVERZEICHNIS

VORWORT

Wie es zu diesem Buch kam? Da erfüllten mir meine geistlichen Töchter einmal zu meinem Geburtstag eine Bitte: das Erleben des wunderbaren Handelns Gottes und der Gebetserhörungen unter uns aufzuschreiben, damit wir Gott darüber immer neu Dank und Ehre gäben und nie vergäßen, was Er uns Gutes getan hat.

Eines Tages, längere Zeit danach, kam eine Bitte aus den USA von einer Dame, die durch ihren Besuch hier und durch Schrifttum von uns um die mancherlei Erfahrungen der Gebetserhörungen unter uns wußte. Ob es nicht eine Sammlung davon gäbe? – so war ihre Frage. Und in dem Brief hieß es: „Ein solches Buch zum Lobe Gottes mit Zeugnissen, wie wunderbar Er hilft, wäre eine unendliche Hilfe für zaudernde und unsichere Seelen, außerdem für jeden, der versucht, als echter Christ beten zu lernen." Da wurde ich an jenes Geschenk meiner Töchter erinnert. Und einiges von dem, was darin als Material zusammengetragen, war der Ausgangspunkt für mich, vom Wirken Gottes unter uns bis in die jüngste Zeit in diesen Zeugnisberichten zu sagen.

Im Dank zu dem Herrn, der uns so greifbar erfahren ließ, daß Er „Wunderbar" heißt, möchte ich auch meinen Töchtern danken für ihre Vorarbeit. Mein besonderer Dank gilt Mutter Martyria, Schwester Benedikta und Schwester Ruth für ihre Hilfe bei diesem Buch.

Mutter Basilea Schlink

EINLEITUNG

Wir leben heute in einer Zeit wie nie. Dem Höhepunkt technischer Entwicklungen und der Entfaltung menschlichen Machtanspruches zustrebend, geht die Welt zugleich einem Verderben größten Ausmaßes entgegen. Furcht und Entsetzen vor dem Kommenden hat die Menschen – mindestens unbewußt – gepackt. Ein drohender Atomkrieg versetzt unzählige Menschen in lähmende Angst. Ratlos steht die Menschheit davor. Was und wer soll da noch helfen, wenn das Verderben hereinbricht? Wissenschaftler und Politiker haben keinen Ausweg dafür gefunden.

Doch für Christen leuchtet ein Stern in dunkler Nacht heller auf denn je: die Vatergüte Gottes. Für sie gilt heute in unserer angstbedrohten Zeit das Wort: „Freuet euch in dem Herrn allewege", ja freuet euch gerade jetzt im beginnenden Atomzeitalter, die ihr glaubet an den lebendigen Gott, der uns ein Vater in unserem Herrn Jesus ist. Denn Gott wird uns in dieser Zeit als rechter Vater Sein Helfen erleben und Seine Wunder schauen lassen wie noch nie, so wir Ihn in schwerster Notlage vertrauend anrufen und im Gebet mit Seiner Hilfe rechnen. Er hat für solche eine Hilfe bereit, die an Seine Liebe glauben, die mit Seiner Allmacht rechnen, daß Er heute Wunder tun, uns im Verderben bewahren und

durch die Nöte eines Atomkrieges hindurchtragen kann. Wenn wir mit diesem allmächtigen Gott, dem Vater der Liebe, rechnen, sind wir auch mitten in der Angst von Trost und Frieden erfüllt.
Diese Liebe und Allmacht Gottes, der Wunder tut, haben wir, eine kleine, junge Kommunität in Deutschland, erfahren. Wir sind aus dem Erleben des Krieges und des Gerichtes über unser Volk, im Besonderen beim Bombenangriff auf unsere Stadt Darmstadt 1944, entstanden. Das Erleben der Realität Gottes in Seiner Heiligkeit, aber auch in Seiner erbarmenden Liebe hatte eine Bußbewegung und Erweckung in unseren Mädchenbibelkreisen ausgelöst, aus der die Liebe zu Jesus hervorbrach, die 1947 zur Gründung unserer Schwesternschaft führte. So hat der Herr uns von unserer Entstehung an, indem Er uns immer wieder innerlich und äußerlich ans Ende eigener Möglichkeiten führte, Seine Wunder erfahren lassen. Und darum können wir es nicht lassen, die großen Taten unseres Gottes zu rühmen in der Gewißheit, je schwerer die Zeiten werden und je größer die Nöte, um so herrlicher wird Gott sich in Seiner Liebe und Macht erweisen, wenn wir auf Ihn harren. Es geht also in diesem Buch nicht um theoretische Abhandlungen über einen Gott, der Wunder tut, sondern um Zeugnisberichte dessen, was der lebendige Gott heute tatsächlich getan hat. Es wird bezeugt, daß und wie Gott Gebete erhört, wie Er „in starken Wassern Bahn macht", wie Er errettet

und bewahrt, wie Er eingreift in unmögliche Lagen, wie Er Einstellung von Menschen, wie Er Dinge und Verhältnisse auf Gebet hin ändert.
Nicht nur von Gebetserhörungen in kleinen Alltagssorgen und Verlegenheiten wird berichtet, sondern es wird ebenso Gottes wunderbares Eingreifen auf Gebete hin in ganz entscheidenden und umfassenden Notlagen gezeigt, wenn zum Beispiel notwendige Vorhaben für den Dienst im Reiche Gottes scheinbar völlig unmöglich gemacht sind durch Verfügungen höchster öffentlicher Stellen. Oder es ist von Wundern zu lesen, die unsere wirtschaftliche Existenz betreffen, wobei jedes kaufmännische Rechnen zuschanden wird. Wie real die Hilfe Gottes in dieser Weise geschah, wie sichtbar Er Gebete erhörte, das bekunden eine Reihe von Häusern, die große Werte ausmachen und die allein durchs Gebet und durch den Glauben an Seine Hilfe ohne Rücklage oder Zuschüsse von offizieller Seite erbaut wurden. So klingt es durch das ganze Buch: „Wir haben einen Gott, der da Wunder tut, wir haben einen Gott, der hilft!" (Psalm 68,21; 72,18).
Voller Freude und Dank können wir darum bezeugen: Wer Gott vertraut, ist nicht abhängig von der Politik, der Wirtschaftslage, dem kommenden Verderben, sondern allein von Gott, in dessen Händen alles liegt und der ein Wort spricht, und das, was uns nach menschlichen Gesetzen Schaden und Unglück gebracht hätte, darf es nicht tun. Ja, wenn selbst Pflanzen und

Wasser vergiftet sein werden, können wir mit der Verheißung des Wortes Jesu rechnen: „So sie etwas Tödliches trinken, wird's ihnen nicht schaden" (Mark. 16,18).
So singt dieses Buch das Hohe Lied eines Lebens in der Abhängigkeit vom himmlischen Vater, bei dem man sich von den vielen irdischen Sicherungen hier auf Erden löst und im kindlichen Vertrauen und Gebundensein an Gott lebt – durch das Gebet. Als ich diese Berichte für den Druck zusammenstellte, überwältigte es mich neu, wie geborgen und sicher solch ein Leben ist – trotz all des Kampfes und der Schwierigkeiten, die ständiges Bauen, Versorgung vieler Menschen, Aufbau und Unterhalt der verschiedenen Arbeitszweige unseres Dienstes bei völliger finanzieller Unsicherheit mit sich bringen.
Diese Zeugnisberichte aus unserer Zeit heute sagen aus, wie Gott zu dem steht, was Er in Seinem Wort vor Tausenden von Jahren sagte: Wer Gottes harrt, wird nicht zuschanden – wer am ersten nach dem Reich Gottes und nach Seiner Gerechtigkeit trachtet, dem fällt alles zu – wer hergibt, der bekommt ein vollgerütteltes Maß wieder. Kurz gesagt, sie zeigen: Wer im Vertrauen auf Gott, auf Seine Liebe und Macht alles wagt und im Glauben, der zugleich Gehorsam ist, hergibt, verläßt und opfert, der wird alles ererben – schon hier auf Erden. Er wird auch in in der Notzeit erfahren, daß er letztlich keinen Mangel haben wird an irgendeinem Gut. Als ein

vertrauendes Kind, das vom Vater allein abhängig ist, fällt ihm alles zu, denn Gott erbarmt sich der Kleinen und Elenden als ein rechter Vater und nimmt sich ihrer Nöte an.
So ist dies Buch ein einziger Preis der Vatergüte Gottes und möchte allen Mut machen, ganz Seine Kinder zu werden, – denn diesen gehört das Himmelreich. Sie glauben, was sie erbitten, weil sie ihrem Vater vertrauen. Sie wissen es in ihrem Herzen nicht anders, als daß Er sie liebt und darum wohl als rechter Vater erzieht und züchtigt, doch immer Hilfe schickt und auf ihre Bitten eingeht. So erfahren sie, daß Gott Liebe, eitel Liebe ist und wohltut denen, die auf Ihn harren, und daß Er sie Seine Wunder erfahren läßt, so daß sie tatsächlich hier auf Erden schon ein Stück Himmelreich schmecken.

Seit der ersten Auflage dieses Buches, das die Glaubenserfahrungen auf unserem Weg von 1947 bis 1962 schildert, wurde nur der Schluß des Berichtes über Kanaan etwas ergänzt. Doch können wir bis heute bezeugen, daß bei noch viel größeren Anforderungen und viel mehr Menschen, die es zu versorgen galt, bei den weltweiten Aufträgen, die sich inzwischen entwickelten, wir immer neu in wunderbarer Weise „Gottes Wirken heute" erlebt haben.

GOTT SUCHT ANBETER - EINE KAPELLE WIRD AUS DEM NICHTS

An der Bundesstraße 3 zwischen Frankfurt und Heidelberg steht in Darmstadt eine Kapelle. Sie sieht nicht anders aus als sonstige Kapellen, und doch ist sie anders. Warum? Am Eingang weht eine große Fahne, auf der geschrieben steht: „Erbaut allein durch die Hilfe des Herrn, der Himmel und Erde gemacht hat, im Glauben an Jesus Christus." Sie wurde also in dem Namen des Herrn, der da Wunderbar heißt, ohne menschliche Voraussetzungen, nur auf dem Weg des Glaubens und des Gebets, erbaut. Und der Anfang dieser Kapelle geschah so:

Im Mai 1949 gab der Herr mir den inneren Auftrag, Ihm zu Seiner Verherrlichung eine Kapelle zu erbauen, in der Ihm viel Anbetung gebracht würde. Welch seltsamer Gedanke! Hätte ich nicht zuerst daran denken müssen, daß die Marienschwesternschaft ein Haus bekäme? 26 Schwestern waren nun im Einfamilienhaus meiner Eltern untergebracht, worin diese und einige bombengeschädigte Untermieter wohnten. Bis unter den Speicher war es belegt, und jeder freie Quadratmeter war dort für einen Strohsack oder eine Matratze ausgenutzt. So konnten wir keine neuen Schwestern mehr aufnehmen. Aber der Herr hatte nicht gesagt: „Um eurer Enge und aussichtslosen Lage willen will Ich euch helfen, ein Mutterhaus zu bauen", – vielmehr brannte Er mir Seinen Schmerz ins Herz, daß Er so wenige Anbeter hat, und redete also nicht von unserem, sondern von Seinem Haus. Und als der Auftrag einige Zeit nachher noch einmal von anderer Seite in Frage gestellt wurde, erbaten sich Mutter Martyria und ich eine biblische Losung zur Bestätigung. Die aus einer Fülle von etwa tausend Bibelstellen unter Gebet gezogenen Worte *) lauteten:

> „So siehe nun zu, denn der Herr hat dich erwählt, daß du ein Haus bauest zum Heiligtum. Sei getrost und mache es!"
>
> (1. Chronika 28,10).
>
> „Und sie sollen mir ein Heiligtum machen, daß ich unter ihnen wohne" (2. Mose 25,8).

Doch obwohl Gott so klar den Auftrag zum Bau der Kapelle bestätigte, brannte das Anliegen, dem Herrn Anbetung zu bringen, noch wenig in unserer Schwesternschaft. Das zeigte sich schmerzlich am Weihnachtsfest 1949, dem Fest, an dem doch Herzen entflammt und Zungen gelöst sein müßten, dem Kind in der Krippe

*) Auf ähnliche Weise gaben uns Gottesworte immer wieder deutliche Wegweisung – wie dies etwa auch in der Herrnhuter Brüdergemeine geübt wird, deren tägliche „Losungen" bekannt sind.

mit Hirten und Weisen ohn Ende Anbetung zu bringen. Es gab aber ein trauriges Weihnachten, an dem das Jesuskind umsonst auf Anbetung wartete. Da überkam die Schwestern ein großer Schmerz, daß sie der Liebe des Kindes in der Krippe so stumpf gegenübergestanden hatten, und dann brach aus der Reue ein heißes Flehen aus ihren Herzen: „Laß die Kapelle werden . . ."
Nun, als das Feuer in allen Herzen brannte, trieb es ins ernstliche Gebet um diese Kapelle, und zwar war unser Gebetsanliegen, daß der Herr als erstes uns Land für diesen Bau schenken möchte. Je aussichtsloser unsere Lage war, ein Grundstück dafür zu bekommen, desto stärker wurde der Gebetseinsatz, den wir vor allem in Gruppen miteinander taten.
Da gongte es eines Vormittags durchs Haus. Mutter Martyria und ich waren von einem Gang zurückgekehrt, und unsere Töchter standen um uns. Die Sonne durchflutete das Zimmer und fiel auf einen großen eisernen Schlüssel, den ich glücklich schwenkte – es sei der Schlüssel wozu? Jemand riet es: Zu einem Grundstück? Ja, zu unserem Grundstück! Und dann erzählte ich: Es liege an der Bundesstraße 3 und zugleich am Wald, es sei in der Nähe der Stadt und doch neben Wiesen und Feldern, es umfasse 7000 qm – und sei uns geschenkt. Es sei ein ungepflegtes Land, das auf uns warte, aber es stünden schon einige Obstbäume und sogar ein Gartenhäus-

chen darauf. Dieses Grundstück habe uns der Vater einer unserer Schwestern zur Verfügung gestellt.

Es schien, als ob Gott darauf gewartet hätte, daß unsere lauen Herzen endlich für Seines Reiches Anliegen entzündet würden: Ihm die Kapelle zur Anbetung zu bauen. Denn nachdem dieser neue Brand in unseren Herzen unser Gebet „ernstlich" gemacht hatte, war nun tatsächlich nach wochenlangem Flehen die Erhörung gekommen – das Grundstück war da. Überwältigt, daß Gott auf unser Flehen hin das Herz jenes Vaters gelenkt hatte, das Grundstück für den Bau der Kapelle zu schenken, stimmten wir überglücklich an: „Nun danket alle Gott, mit Herzen, Mund und Händen, der große Dinge tut an uns und allen Enden ..."

Dann betete ich zum Vater im Himmel: Wenn Er dies Land als Verheißung gegeben hätte, daß wir darauf bauen dürften, ohne Geld zu haben noch von einer Seite Zuschuß erwarten zu können, möge Er nun ein Wort aus der Heiligen Schrift als Bestätigung geben. Das solle uns Felsengrund sein und ein Schuldschein in unserer Hand, den wir Ihm in allen Nöten vorhalten könnten und den Er einlösen müsse. Und ich zog das Wort:

„Unsere Hilfe steht im Namen des Herrn,
der Himmel und Erde gemacht hat" (Ps. 124,8).

Da brach ein Freuen und Lobsingen an, denn Gott hatte uns damit wahrlich eine Verheißung gegeben, die alles in sich schloß. Das war viel mehr als Geld.

Sollte es für Gott schwerer sein, diese unsere Kapelle und dann auch ein Mutterhaus werden zu lassen, als Himmel und Erde zu schaffen? Mit der Beantwortung dieser Frage grub sich in dem Augenblick tief in uns ein, wie leicht es für einen so allmächtigen, großen Gott, der Himmel und Erde gemacht hat, sein müsse, einen für Ihn so kleinen – wenn auch für uns sehr großen – Bau hinauszuführen. Ja, die Zusage Seines Wortes wirkte in jener Stunde so stark, daß zumindest im Augenblick die Höhe unseres Kassenstandes – welcher 30 DM betrug – ganz außer Betracht stand.

Wir hatten mit dem überraschenden Geschenk des Grundstücks erfahren, Gott erhört gläubiges Gebet, wenn es ernstlich ist.

BIBELWORTE EREIGNEN SICH HEUTE

Eine kleine, drei Jahre alte, aus jungen Schwestern bestehende, umstrittene Schwesternschaft – ohne männliche oder irgendwelche einflußreiche Vorstandspersonen, ohne Geld, ohne Bauerfahrung, ohne Rechtsberatung, mit wenigen Freunden – will an dies Bauvorhaben einer Kapelle gehen? So standen wir vor einem Berg von Fragen, Ungewißheiten und Unmöglichkeiten. Auch war der Mitbegründer und geistliche Vater wenige Wochen vorher heimgegangen. Würde nun der himmlische Vater sich als ein Gott der „Witwen und Waisen" erzeigen und Seinen Kindern ständige Wegweisung geben? Würde Er reden – und wodurch?

Einer der ersten Gänge galt dem Bauamt. Wir mußten ja die Genehmigung zum Bau auf diesem Grundstück einholen. Ergebnis: Dies nicht baureife Land, ohne Kanalisation, mit schlechter Bodenbeschaffenheit für eine eventuelle Sickeranlage könne uns keinesfalls als Baugelände für die Kapelle und eine als Mutterhaus geplante Baracke genehmigt werden. Aber man wäre bereit, ein entsprechendes Ruinengrundstück innerhalb des Stadtgebietes einzutauschen, eventuell sogar ein altes Haus, pro Schwester 4 qm Wohnraum.

Wohl heißt es: „Bei Gott ist kein Ding unmöglich." Aber sollen Christen nicht gerade nachgeben, sich umlenken lassen, verzichten können? Sollten wir im Glaubensgebet anhalten, bis die Behörde umgestimmt war – oder dies Land, von dem wir damals in unsere Chronik schrieben, daß es „ein Wunderbares" sei, opfern, tauschen? Doch hatte es uns Gott nicht persönlich auf unsere Gebete hin geschenkt und war es in unseren Herzen nicht wie eine innere Gewißheit: „Dies Land soll es sein"?

Wir riefen den Herrn an, Er möchte, wenn diese Gewißheit von Ihm sei, sie bestätigen, Sein Wort möchte uns erleuchten für diese Situation. Und Er gab das Wort:

> „Naphtali wird genug haben. Gegen Abend und Mittag soll sein Besitz sein" (5. Mose 33,23).

„Abend und Mittag" ist Südwesten. Wir gingen ans Fenster: Dies „unser" Grundstück lag nun genau im Südwesten – aber das angebotene Tauschland in ganz entgegengesetzter Himmelsrichtung. So begann ein wochenlanger Gebetseinsatz unter allen Schwestern. Der Vater im Himmel wußte ja schon, daß Er nicht nur 7000 qm für uns brauchen würde, sondern mehr als das Zehnfache an Land, nämlich einmal ganz „Kanaan" (siehe Seite 157). Darum wartete Er hier nicht auf die Übung des Verzichtes Seiner Kinder, daß sie sich umlenken ließen, sondern auf ihren Glauben, der um ein verheißenes Ziel kämpft.

Doch all unser Bitten schien aussichtslos. Das Stadtbauamt war mit Baugesuchen und vor allem Anfragen wegen Kanalisation überschwemmt, alle Gänge, Gesuche, Anrufe hatten sich als vergeblich erwiesen. Die entscheidende Instanz war nicht zu sprechen, und unsere Bittgänge endeten gleichmäßig im Vorzimmer mit dem Bescheid: Für dieses Gelände würden wir niemals eine Bauerlaubnis bekommen. Gottes Hand lag schwer auf uns. Wir kamen nicht vorwärts und konnten auch nicht mehr zurück, denn Seine Verheißungen verpflichteten uns, daran festzuhalten. Gott wollte unseren Glauben prüfen, uns zu anhaltendem Gebet erziehen. Endlich aber kam der Tag, den der Herr sich erdachte, auf unser Gebet zu antworten. Es war Ende März 1950, da geschah das Wunder.

Mutter Martyria erzählt: „Ich hatte meinen nochmaligen Gang zum Bauamt an diesem Tag durch viel Gebet am Morgen vorbereitet, Gott um Sein Eingreifen bittend. Und da bekam ich als Losung das Wort „Christus ist das Haupt aller Fürstentümer und Obrigkeiten" (Kol. 2,10b). Als ich dies den Schwestern bei der morgendlichen Bibellese sagte, fügte ich hinzu: Heute müßte mir eigentlich der Herr unser Stadtoberhaupt in den Weg schicken und dann erweisen, daß Jesus das Haupt und der Herr aller Fürstentümer ist, der dem Stadtoberhaupt das Herz lenkt für unsere Bitte als für Seines Reiches Anliegen.

Der Weg vom alten Mutterhaus am Steinberg bis zur Behörde beträgt zu Fuß wohl dreiviertel Stunde. Während ich den Steinbergweg entlangging, quietschten hinter mir Bremsen – ein Motorrad verursachte fast einen Unfall, dadurch kam neben mir ein Auto zum Stehen – freundlich forderte der Herr mich auf mitzufahren, weil der Weg bis zur Stadt sich lang hinzöge. Ich erfaßte blitzartig: Dieser Mann ist das ‚Fürstentum' unserer Stadt, von dem die Losung sagt! Und es war tatsächlich der Oberbürgermeister. In fünf Minuten Fahrweg konnte ich ihm unser Anliegen sagen. Als ich zur Baubehörde kam, endete diesmal mein Weg nicht im Vorzimmer mit vergeblichem Warten – der Oberbaudirektor unterbrach meinetwegen eine Besprechung – er habe schon durch den Oberbürgermeister von dem Vorhaben gehört. Der vielbeschaftigte Oberbürgermeister hatte, seine Zusage, es einmal gelegentlich zu tun, weit übertreffend, in den kurzen Minuten sofort mit dem Oberbaudirektor telefoniert. Und was geschah? Das bisher Unmögliche wurde möglich, die Berge von Schwierigkeiten waren wie Wachs vor Gott, dem Herrn der Heerscharen, geschmolzen – meinen Ohren kaum faßbar, gab man uns bei diesem Gespräch die mündliche Genehmigung, daß wir doch auf dem uns geschenkten Gelände bauen dürften.

Zu Hause angekommen, fand ich die tags zuvor

vom Bauamt abgeschickte endgültige Absage im Briefkasten. Christus, das Haupt aller Fürstentümer und Obrigkeiten, hatte uns an diesem Jubeltag unauslöschlich ins Herz geschrieben, daß Er Macht hat – auch heute –, schriftliches Nein oberster Behörden in ein Ja zu verwandeln, wenn wir uns von solchem Nein, das unseren Glauben prüfen will, nicht abschrecken lassen, sondern am Gebet anhalten, bis zu Seiner Stunde Seine Hilfe mit Macht hereinbricht."

BUSSE MACHT BAHN – SELBST EINER BAUERLAUBNIS

Machen wir uns keine falsche Vorstellung von Wundern: Niemals folgt gewissermaßen mechanisch auf unsere Bitte die Erfüllung, wie in der Telefonzelle aufs Fallen des zweiten Groschens das Amtszeichen ertönt. Wunder erleben heißt mit dem lebendigen, heiligen Gott in Berührung kommen – also mit dem verzehrenden Feuer, das sich mit unserer Sünde nicht verträgt. Seitdem wir durch die praktische Nachfolge „in den Bereich des wunderbaren Gottes" gekommen waren, gingen fast immer Seinem herrlichen Eingreifen schmerzliche Gerichte und Züchtigungen voraus. So auch in der Zeit, ehe wir wirklich mit dem Bau von Kapelle und Mutterhaus beginnen konnten.

„Der Herr ist nahe" – dieser Ruf war uns in jener Anlaufzeit des Baues innere Ausrichtung. Also haben wir nur noch wenig Zeit zum Wirken, und jeder Tag Verzögerung hinsichtlich des Baubeginns wiegt sehr schwer. Mußte nicht in unserer Zeit, welche schon die Anzeichen der „letzten Zeit" trägt, in Tagen erreicht werden, wozu man früher Monate, Jahre Zeit hatte?

Nach der Erlaubnis, auf unserem Gelände bauen zu dürfen, waren nun unsere Baupläne zur Genehmigung eingereicht, doch unsere Gesuche blieben naturgemäß auf dem langen Behördenweg am Kataster- und Vermessungsamt und ähnlichen Stellen stecken wie alle anderen auch. Immer fehlte und hinderte wieder etwas Neues, so daß wir mit dem Mauern nicht beginnen konnten. Bei den ständigen Bettelgängen zu den Behörden waren manche unter uns schließlich mürbe geworden, und die Stimmung war vom anfänglichen Eifer umgeschlagen auf: Man müsse eben auch warten wie alle, könne nicht dauernd andere drängen ...

Schwester Eulalia, die damals die Bauangelegenheiten in der Hand hatte, prägte sich diese Situation besonders unvergeßlich ein. Sie erzählt: „Nach einer ernsten Unterredung mit unseren Müttern verstand ich, daß hier Eile nicht von menschlicher Ungeduld, sondern von einem inneren Muß und Gehorsam gegen Gottes Drängen herrührte. Doch wenn wir Schwestern selber gegen Gott standen mit unseren ‚vernünftigen' Gedanken, daß Warten hier am Platz sei, wie sollte Er dann eingreifen können? Und es wurde mir eine tiefe Reue geschenkt über mein Widerstehen, die mich ganz neu zu Gott schreien ließ im Vertrauen auf Seine Macht und Hilfe in unserer aussichtslosen Lage. Wenige Stunden später – es war am 25. Juli 1950 – stand ich auf dem so oft wegen unserer Angelegenheit vergeblich besuchten Amt, doch nun mit einem anderen Herzen, reumütig ständig zu Gott um Sein Ein-

greifen flehend. Aber ich erlebte nur das gleiche Kopfschütteln wie immer. ‚So schnell geht das nicht. Ein halbes Jahr ist die Mindestzeit, um ein Baugesuch durchzubekommen – meist aber dauert es ein ganzes.'
Da öffnete sich für einen Augenblick die Türe. Der Oberbaudirektor gibt eine Akte durch – schon ist die Tür fast wieder geschlossen, doch er fragt noch einmal zurück: ‚Was will die Schwester?' Die Sekretärin: ‚Die Schwestern wollen unbedingt mauern!' Er: ‚Die Schwester soll mal reinkommen. Wenn Sie absolut mauern wollen, will ich nicht der Hinderungsgrund sein.' Einige Telefongespräche folgten, dann durfte ich tatsächlich die Genehmigung zum Beginn des Mauerns in der Hand halten – mir unfaßbar. Im Mutterhaus folgte eine Freuden- und Dankfeier. Gott wurde aus vieler Herzen gepriesen als ein Gott, der Wunder tut, sofern wir die menschliche Vernunft, die uns irreführen will, mit Christus in den Tod geben und der Liebe Raum machen, die für Seine Sache eifert und glaubt. Hinterher hörten wir, wie es unter den Bauräten hieß: So etwas wäre in Darmstadt noch nicht vorgekommen, solange das Bauamt steht, daß man eine Baugenehmigung erteilt, ohne die fertigen Pläne eingesehen zu haben, – und so rasch!"
Einen Finanzierungsplan, wie er sonst bei Neubauten üblich ist, hatten wir natürlich auch nicht vorzulegen, sondern konnten nur beteuern, was

uns Gott als Gewißheit ins Herz gegeben hatte: Der Herr selber würde für die Finanzierung aufkommen. Das hieß in diesem Fall: der Vater im Himmel werde bei einem Kostenvoranschlag von 250000 DM für die fehlenden 249970 DM aufkommen. Vor welche ungelösten Fragen waren damit unsere Behörden gestellt! Nirgends stand leider bis dahin in den Statuten, daß die nachzuweisende Finanzierungsstelle auch der Vater im Himmel sein könne. Aber von jener Zeit an muß dieses ungeschriebene Gesetz gegolten haben. Denn als wir kurz nach vollendetem und bezahltem Bau von Mutterhaus und Kapelle das Baugesuch für „Jesu Werkhaus" einreichten, fragte man bezüglich des Finanzierungsplanes nur, ob es so gehe wie beim erstenmal, und erteilte anstandslos die Bauerlaubnis auf gleicher Finanzierungsbasis. Und die Rede ging: Das Bauen mit solchem „Bauherrn" sei das Allersicherste.

Hätten wir weiter der Stimme unserer Vernunft gefolgt und somit aufgehört, ein Glaubensziel zu verfolgen, und den Himmel nicht mehr mit unseren Gebeten bestürmt, wäre den Baubehörden und Firmen der lebendige Gott, der heute Wunder tut, nicht aufgeleuchtet. Tief schrieb uns dieses Erleben unsere Verantwortung ins Herz, in aussichtsloser Lage durchzuhalten im Glauben, auf daß der Name Gottes dann vor vielen verherrlicht werde.

GOTT LÄSST SEINEN ARM DURCH GLAUBENSGEBET BEWEGEN

ZWÖLF KÖRBE VOLL!

Brütend heißer August – unsere Schwestern kamen von der Trümmerhalde wieder, wo sie mit Erlaubnis der städtischen Behörden Steine der durch den Bombenangriff zerstörten Häuser aufsammelten. Ich empfing sie erschrocken, weil sie nicht nur ermüdet, sondern ganz verzagt und traurig waren. Nach noch so langem Suchen, bis zu einer halben Stunde, war kaum noch einmal ein ganzer Backstein zu finden! Und dabei das Wissen: Die Bauschwestern warten fiebernd darauf, daß eine Steinfuhre kommt, damit sie weitermauern können. Was tun?

Ich betete und breitete vor dem Vater im Himmel diese große Not aus. Der Architekt drängte uns, doch nun Steine zu kaufen. Wir hatten aber kein Geld. Und obwohl wir in diesen Tagen schon sehr um Geld gefleht hatten, kam so gut wie nichts herein. Da wurde mir klar, Gott wolle auf einem anderen Wege helfen. Er wolle Steine auf eine besondere Art und Weise geben. Wie, das wußte ich nicht, doch daß Gott es tat, war mir gewiß. Denn nach diesem Flehen zum himmlischen Vater, Seinen Kindern in dieser Not Hilfe zu geben, bekam ich das Losungswort:

> „O selig bist du, die du geglaubt hast, es wird vollendet werden, was dir gesagt ist"
>
> (Luk. 1,45).

So sah ich schon im Geist, wie der begonnene Segen der Steine, die bisher zusammengekommen waren, weiterhin sich fortsetzen würde, bis der Bau vollendet wäre. In großer Freude, daß der Herr solch eine Zusage gegeben hatte durch Sein Wort, drängte es mich in diesem Augenblick, das Lied niederzuschreiben, das dann unser tägliches Baulied wurde:

Der Glaube ist ein göttlich Kraft,
vor dem die Felsen springen,
er ist ein königliche Macht,
die darf vom Siege singen.
Bevor die Riegel sind gesprengt,
ihm offne Tore sind geschenkt,
bei Gott ist nichts unmöglich.

Und die für das Steinesammeln auf der Trümmerhalde eingeteilten Schwestern wurden mit in die Erwartung, daß Gott ein Wunder tun werde, hineingenommen. Im Gebet bekamen sie neue Kraft, da sie nun vom festen Glauben angetrieben wurden, der nach Jesu Zusage Berge versetzt.

Einige Tage später war in der Bibellese die Speisung der Fünftausend an der Reihe, das Wunder der Vermehrung von wenig in viel. Das entzündete mich zu großer Freude und zu neuem Glaubensmut in der Gewißheit, daß wir solche Vermehrung mit den Steinen erleben würden. So fuhr ich hinaus aufs Baugrundstück, um den dort arbeitenden Schwestern beim Mittagsbrot von einem großen Geschenk zu erzählen, das ich jetzt auspacken würde. Sie sollten es erraten. Und jemand riet es auch, – es war das Wort: „Sie aßen alle und wurden satt und hoben die Brokken auf, zwölf Körbe voll." Da konnte ich ihnen davon sagen, daß wir das im Glauben auch auf die Steine beziehen dürften. Es würde gewiß eintreten, daß wir noch „Körbe voll" übrig hätten, wenn die Kapelle fertig erbaut sei! Den Schwestern aber schien das in ihrer Situation, da weit und breit kein Stein zum Sammeln zu sehen war, ein Ding der Unmöglichkeit. Dennoch wurde ihr Glaubensmut durch dies Wort sehr gestärkt.

Doch keiner konnte sich vorstellen, wie dieser „Steinregen", diese „Steinvermehrung" vor sich gehen sollte. Gott aber stand zu Seinem Wort, daß dem Gebet des Glaubens nichts unmöglich ist. Er hatte schon Seinen festen Plan gemacht, wie die Hilfe kommen sollte. Als ich mit der Straßenbahn heimfuhr, saß mir „zufällig" ein Herr gegenüber, der mich anredete und nach den Schwestern fragte, die da bauten, nach unserem ganzen Vorhaben. Ich erzählte ihm. Einige Tage später kam ein Anruf. Derselbe Herr stellte sich als Architekt vor und sagte, daß gestern eine Sitzung der Stadtverwaltung stattgefunden habe, in der beraten wurde, daß die ausgebrannten Kasernen abgerissen werden sollten. Dabei sei ihm plötzlich der Gedanke ins Herz gefahren vorzuschlagen: „Geben Sie doch die Kasernen den Marienschwestern – die bauen und können die Steine sicher gut gebrauchen." Und sein Vorschlag wurde angenommen: Wir durften die Ruinen abreißen und hatten nun besonders gute Klinkersteine, mit denen wir unsere Kapelle bauen und von den „übrigen Körben" noch die Fußböden unserer sämtlichen Keller belegen konnten.

Gott hatte uns durch dies Wunder erleben lassen, daß Er auf das kühne Glaubensgebet antwortet, das aus dem Trachten nach dem Reich Gottes entsprungen ist und Gott Sein Wort der Verheißung so lange vorhält, bis der Glaube die Erfüllung schaut. Wir haben erfahren: Weil Gott ein großer Gott ist, will Er sich gern groß und herrlich erweisen, so wir Herzen haben, die groß von Gott denken und im Gebet Großes von Ihm erwarten. Seitdem singen wir mit noch größerer Inbrunst und Gewißheit:

Der Glaube greift in Gottes Reich,
beweget Gottes Hände,
die Not vor Gottes Allmacht weicht,
sie machet ihr ein Ende.
Wo vorher fehlet Geld und Gut,
der Glaube ruft mit frohem Mut:
Bei Gott ist nichts unmöglich.

GEBETSZELT - WUNDERZELT

Unsere Bauschwestern erzählen:
„Im Juli 1950 kam Mutter Martyria zu uns auf den Bauplatz und sprach mit uns über die Bibellese: Nehemias Bau der Mauern Jerusalems. Sie sagte uns, daß alles Geschehen der Bibel gegenwärtig sein will, weil die Gesetze der Schrift auch heute gelten, – und dabei war ihr der Gedanke gekommen: Wir müßten auf unserem Grundstück ein Gebetszelt haben und das Haus des Herrn sowohl mit der Kelle in der Hand als auch mit Gebet erbauen.
Seitdem gab es ein Gebetszelt auf dem Baugrundstück. Dies Gebetszelt wurde ein aufgerichtetes Zeichen für die Realität und Macht des Gebets und damit für den lebendigen Gott, der Gebete erhört und heute Wunder tut, wo Menschen glauben und beten. Im Gebetszelt löste immer eine Schwester die vorige für eine Viertelstunde ab, um – wie damals die Israeliten – Gott ständig vorzuhalten, was uns gerade mangelte und wer Er sei – der Allmächtige, der nur ein Wort spricht, so geschieht's, und so Er etwas gebeut, so steht es da. So rief man, wenn man aus dem Zelt herauskam, den anderen Schwestern ein glaubensstärkendes Gotteswort zu.
Und Stärkung des Glaubens war nötig, denn uns mangelte so gut wie alles. Gott hatte zuge-

lassen, daß bald nach unserem Baubeginn eine große Materialverknappung eintrat, als nämlich infolge der Koreakrise Baumaterialien zum Teil für militärische Zwecke beschlagnahmt wurden. Nun war es also nicht mehr nur das Geld, um welches wir unaufhörlich zu bitten hatten für die jeweils fälligen Rechnungen, sondern auch Zement, Eisenträger, – alles für den Rohbau Notwendige war nicht zu erwerben.

So ging zum Beispiel unser Zement zu Ende. Der Bau hätte in wenigen Tagen eingestellt werden müssen. Keine Firma war lieferfähig. Wir aber konnten im Gebetszelt die flehentliche Bitte um Zement viele Tage gen Himmel schicken. Als wir dann in allergrößter Not einmal nach unserem 11-Uhr-Gebet, zu dem wir täglich vom ganzen Bauplatz zusammenkamen, beieinanderstanden, erfaßte uns ganz neu ein Geist des Glaubens. Wir stimmten ein Danklied an in der Gewißheit, daß der Herr diesen Bau nicht einstellen lassen würde. Denn Er hatte doch immer wieder gesagt, wie eilig es Ihm damit sei, und hatte uns vor allem das Brennen ins Herz gegeben, daß Sein Name durch diesen Bau vor den Menschen groß gemacht werden solle, indem sie sehen müßten, wie der lebendige Gott heute Wunder tut.

Und was geschah? Eben, als wir auseinandergehen wollten und der Bau vom nächsten Tag an wirklich stillgestanden hätte, zwängte sich ein großer Lastwagen durch unser Tor – mit 40 Sack

Zement. Obwohl wir gerade dafür gebetet, trauten wir unseren Augen nicht und meinten, es wäre ein Irrtum. Doch die Fuhre galt tatsächlich uns. Ganz plötzlich hatte die Baufirma in einem Ausweichlager diesen Restbestand entdeckt und ließ ihn ausgerechnet uns zukommen. ‚Bittet, so wird euch gegeben' hatte Jesus gesagt, und wir erfuhren: Gott tut nach Seinem Wort, Er hat sich daran gebunden. Voll Dank und Freude sangen wir:

> Gebet beweget Gottes Arm,
> daß Er sich Seiner Kind erbarm
> und sendet ihnen Hilfe.
> Gebet des Glaubens all's vermag,
> verwandelt Not und manche Plag
> in einen Gottesgarten.

So erlebten wir in dieser wirtschaftlichen Krise beinahe Tag für Tag, daß und wie Gott auf all die vielen Gebete im Gebetszelt antwortete und Hilfe schickte. Nicht nur bekamen wir ohne irgendwelche Tauschmittel oder Überbietungsmöglichkeiten dennoch alles Material und das innerhalb von kurzen Tagen und Wochen, während sonst auch für gute Kunden eine monatelange Lieferzeit bestand – nein, vieles von diesem knappen Baumaterial wurde uns sogar geschenkt. Wir denken dabei an die Hohlblocksteine, das Rundeisen, die Eisenträger, die Rohre für Gas- und Wasserleitung. Und es kam jedesmal genau im letzten Augenblick zur rechten Zeit, so daß kein einziger Arbeitstag ausfallen mußte."

Wie unbegreiflich, gerade unser Bau, der Bau dieser armen kleinen Schar von jungen Schwestern, die keine normalen Möglichkeiten hatten, ihn hinauszuführen, mußte nicht wie so viele Bauten jener Zeit stilliegen. Was war das Geheimnis, das dahinterstand? Das Gebetszelt. Es zeigt uns: Gebet richtet mehr aus, als das Ausnutzen aller menschlichen Möglichkeiten, die in dieser Zeit für viele Bauherren zu Ende waren. Gebet allein vermag alles, bedeutet alles. Denn auch all unser Arbeitseinsatz für den Bau hätte in dieser wirtschaftlichen Krisenzeit nichts ausgerichtet. Opfer des Leibes mußten mit Gebet, für das täglich so viel Zeit geopfert wurde, wie die volle Arbeitszeit einer Bauschwester ausmachte, verbunden sein. Arbeitseinsatz ohne Gebetseinsatz unter Opfer an Zeit ist Leerlauf in der Arbeit. Doch dem Gebetseinsatz gehört alle Verheißung, wenn er verbunden ist mit der Hingabe der Tat. – Das lehrte uns der Herr bei diesem Bau.

ANGELD ZUR GLEICHEN STUNDE

Das Mauern der Kellerräume ging langsam seinem Ende zu. Dies war uns eine große Freude, denn hier hatten sechs Schwestern ihre ersten Mauerversuche gemacht und die Arbeit zum Ziel gebracht. Doch wie ein Gespenst stand bei dieser Freude der Erwerb der Kellerdecke vor uns, von der unser Architekt gesagt hatte, daß sie auf einmal bezahlt werden müßte, und zwar mit dem für uns unerschwinglich hohen Betrag von 6000 DM. Gerade, als ich auswärts zu einem Dienst auf einer Tagung war, rief der Architekt an, er habe eben ein günstiges Angebot, und so müsse er jetzt unbedingt die Kellerdecke bestellen, was allerdings bedeutete, daß binnen sechs Wochen diese 6000 DM bezahlt werden müßten. Mutter Martyria bat um eine kurze Bedenkzeit. Ihr Herz wurde zentnerschwer. Woher sollten binnen sechs Wochen 6000 DM kommen, wenn täglich nur einige Spenden von 10 DM, 5 DM höchstens einmal 50 DM eingingen? Und nun sollte sie allein entscheiden und die Verantwortung dafür auf sich nehmen, daß diese große Summe zusammenkäme! Das Gebet war ihre einzige Zuflucht, und sie klammerte sich an das Wort: „Unsere Hilfe steht im Namen des Herrn ...", das uns doch für die ganze Bauepoche gegeben war. Dazu erbat sie sich eine Losung, und erhielt das Wort:

„Ich will wachen über mein Wort, daß ich's tue" (Jer. 1,12b).

Da war es Mutter Martyria sofort klar, daß Gott damit die erste Verheißung bekräftigte, und sie sagte die Bestellung der Kellerdecke zu – wenn auch mit bangem Herzen – und doch zugleich gewiß, daß die große Summe dafür zur rechten Zeit da sein werde. Die Schwestern aber begannen einen besonderen Gebetseinsatz um das Geld der Kellerdecke.

Am nächsten Morgen erhielt Mutter Martyria eine Postkarte von mir, auf der ich schrieb, daß mir ein Tagungsteilnehmer im Auftrag eines mir unbekannten Herrn zu meiner größten Überraschung und Freude einen Umschlag mit 1000 DM gegeben habe. Und 1000 DM waren damals ein ganz anderer Wert als heute. Nach meiner Heimkehr stellten wir dann fest, daß ich diese Gabe genau um dieselbe Stunde empfangen hatte, in der Mutter Martyria in größter Not gefleht hatte, daß Gott uns doch auf irgendeinem wunderbaren Weg Geld zukommen lassen möchte.

Große Freude ergriff uns alle über diesem Erleben – Freude, daß wir einen Gott haben, der „wacht über Seinem Wort", daß Er es einlöse, der tut, was Er verspricht. Und wieviel verspricht

Gott Seinen Kindern, die doch eitel Sünder sind! Wir konnten kaum fassen, wie gut wir es hatten, unter den Zusagen solch eines Herrn zu leben und zu bauen. Aus dankerfüllten Herzen erklang in diesen Tagen das Lied bei uns: „Keiner wird zuschanden, welcher Gottes harrt..." Und tatsächlich wurden wir auch weiterhin bei der Kellerdecke nicht zuschanden, denn Gott, der uns mit den 1000 DM das Angeld gegeben hatte, brachte auch alles Fehlende für die Restzahlung herbei.

GOTT WARTET AUF REINIGUNG

ENTGLEISTE KIPPLORE - WARUM?

Wir erlebten jedoch nicht nur „positive Wunder", sondern auch sehr viele negative. Es schien uns – und scheint uns heute noch immer wieder so, daß Gott oft erst Hindernisse schaffen muß, wo gar keine sind, Türen schließen, die für andere offen stehen, Barrikaden aufstellen, wo man von weitem deutlich einen Weg gesehen hat. Und das alles, weil Gottes Liebe uns Größeres schenken will als das jeweils für uns gerade Notwendige, das wir erbaten. Gottes Vaterliebe will uns voll Seiner Herrlichkeit machen, damit Sein Bild, zu dem wir geschaffen und erlöst sind, wieder aus uns erstrahle. Und so muß Er uns, die wir Sünder sind, erziehen. Solche Züchtigungen greifen tief in den Alltag hinein.

„Da kam ein Tag," so erzählen die Bauschwestern, „an dem die schwere Kipplore immer wieder aus den Schienen sprang, obwohl wir doch abwechselnd im Gebetszelt auch gerade um den Segen und das Gelingen bei der Bauarbeit beteten. Weil die Lore einige Zentner wog, war es eine zeitraubende und mühselige Arbeit für uns Schwestern, sie wieder in Gang zu bringen. Allmählich wurde das ein solcher Arbeitsaufenthalt und Kräfteverschleiß, daß unsere leitende Schwester sagte: ‚So geht es nicht weiter' – und uns ins Gebetszelt rief. Dort beteten wir zusammen und baten Gott, Er möge uns doch aufdecken, was heute den Segen von unserer Arbeit nähme. Da kam es heraus, daß einzelne etwas gegen eine andere Schwester im Herzen trugen, man sich aneinander geärgert hatte. Zum Beispiel hatte die eine der anderen zu langsam oder zu schnell gearbeitet – oder wegen mangelnder Vorsicht Sand in die Augen geschippt – oder das Gerät nicht ordentlich weggeräumt, und was es sonst noch sein mochte. Das alles war geschehen, ohne daß man es bereinigt hatte. Man hatte im Gegenteil richtenden, ärgerlichen und urteilenden Gedanken Raum gelassen, und es herrschten also größere und kleinere Spannungen unter uns – Sünden gegen die Liebe, die zwischen Gott und uns standen und das Aufsteigen der Gebete zu Gott verhinderten. Nun wurde uns diese Sünde gegen die Liebe, das Richten, schmerzlich als Schuld bewußt. Und als wir uns untereinander um Verzeihung gebeten und Gottes gnädiges Vergeben als arme Sünder neu in Anspruch genommen hatten, siehe, da sprang unsere Kipplore nicht ein einziges Mal mehr aus den Schienen.

An einem anderen Tag blieb die Mörtelmischmaschine stehen und war nicht zu bewegen, wieder anzuspringen. Alle Versuche scheiterten, auch die Bemühungen von solchen, die etwas davon verstanden. Eineinhalb Tage dauerte der Aufenthalt, und weil es doch bei diesem Bau um jede

Stunde ging, merkten wir wohl, daß der Herr traurig über uns sein mußte und darum unser Gebet um Hilfe nicht erhören konnte. Da zeigte Er uns, daß wir einem vorübergehend mit uns arbeitenden Helfer gegenüber nicht die Haltung der Liebe eingenommen hatten und niemand gern mit ihm zusammenarbeiten wollte. Als wir uns im gemeinsamen Gebet darunter gebeugt hatten und nun den Herrn aufs neue um Seine Hilfe baten, sprang die Maschine – ohne daß äußerlich etwas geschehen war – wieder an. Wir erkannten, von welchen Voraussetzungen Gott die Erhörlichkeit der Gebete abhängig macht nach dem Wort: ‚Die Augen des Herrn merken auf die Gerechten und seine Ohren auf ihr Gebet, das Angesicht aber des Herrn steht wider die, die Böses tun' (1. Petr. 3,12)."

Beschämt über die Wunder Seiner Erziehungswege mit uns, Seinen Kindern, lernten wir als ganze Schwesternschaft, wenn Gott unsere Gebete nicht erhört, fortan zu fragen: „Was mag Dich bei uns an der Erhörung unserer Gebete hindern?" Darum waren all die vielen Gebete im Gebetszelt an diesem Tag Leerlauf gewesen, weil wir das, was Jesus über die Voraussetzung unserer Gebete sagte, nicht ernst genommen hatten. Doch Jesus ließ uns erleben, daß Er Sein Wort ernst nimmt und Gebete aus unversöhnlichen Herzen nicht erhört.

SCHULD AM REGEN?

Es war Bauherbst 1950. Der Himmel schüttete Tag für Tag an Regengüssen hernieder, was in dieser Fülle seit Jahren niemandem mehr erinnerlich war. Und selbst, wenn es in der nahen Stadt nicht regnete, so entluden sich scheinbar alle Wolken über unserem Bauplatz. Dabei wurden unsere Schwestern dort nicht nur durchnäßt, sondern die Mauern konnten nicht aufgerichtet werden, weil die Backsteine auf dem Mörtel hin- und herrutschten und kein Fortkommen war. Wenn es einmal dazwischen lichter wurde, so nur sonntags, aber die Werktage blieben heimgesucht von diesen Güssen.

Mutter Martyria und ich versuchten unsere geistlichen Töchter innerlich davon zu überzeugen, daß dies doch wohl Reden Gottes sein müsse. Aber, so erzählen die Bauschwestern, „wir waren in dieser Zeit besonders unwillig, dies anzunehmen. Wir wollten nicht immer an allem schuld sein und erklärten uns den Regen mit unserer Vernunft, obwohl so oft in der Schrift steht, daß Gott das Wetter, die Wolken und Wellen und Stürme lenkte, daß Er den Himmel verschloß und öffnete, daß Er auf ein Gebiet regnen oder nicht regnen ließ, je nachdem, ob Er strafen mußte oder nicht. Alle Gebete um

trockenes Wetter aus dieser Verfassung heraus konnten natürlich keine Erhörung finden.
Eines Tages, als es wieder so sehr regnete, flohen wir ins Zelt und beteten miteinander. Und dann bekannte plötzlich eine ihre Sünde, das Aufbegehren gegen Gott, und damit, daß sie am Regen schuldig sei. Eine nach der anderen beugte sich nun unter das, was Gottes Geist auch ihr und anderen als Schuld klarmachte. Und siehe, als die Letzte sich gebeugt hatte, hörte der Regen auf. Das geschah von da an mehrmals."
So erfuhren wir etwas von der Wahrheit der Bibelworte: „Auch habe ich den Regen über euch verhalten, und ich ließ regnen über eine Stadt, und auf die andere ließ ich nicht regnen, ein Acker war beregnet, und der andere Acker, der nicht beregnet war, verdorrte" (Amos 4,7), – oder: „Werdet ihr meine Gebote halten und tun, so will ich euch Regen geben zu seiner Zeit . . ." (3. Mose 26,3). Der Herr hatte uns allen durch die Regenerlebnisse einen Denkzettel gegeben: Nur gereinigte Hände, nur Gebete aus gebeugten Zöllnerherzen sind Gott angenehm und werden erhört. Ob die beiden Maurer, die die Schwestern beim Arbeiten anleiteten, etwas davon ahnten? Wenigstens ging von da an die Rede bei ihnen, wenn die Schwestern beim ersten Regentropfen ins Zelt verschwanden: „Wir bleiben draußen; wenn die Schwestern im Zelt sind, hört's gleich wieder auf!"

DER BELÄCHELTE GLAUBE

Wir hatten wieder einmal Steinsorgen. Die Kellerdecke war in Arbeit, und nun brauchten wir bald die Hohlblocksteine für die Außenwände des Mutterhauses. Wie immer machten wir die Sorgen zu einem Gebet – die ganze Schwesternschaft flehte wie ein Mann: Unser Vater, der Du nicht Steine statt Brot gibst, Du gibst auch nicht, wenn wir nun Steine brauchen, ein Nichts. Und Gott antwortete. Da besuchte uns eines Tages eine Dame, die uns erzählte, sie habe von unserem Bauen gehört und seitdem dafür gebetet. Jetzt sei ihr klar geworden: die Marienschwestern brauchen wohl bald Hohlblocksteine. Ob das wohl zutreffe? Und nun füge es sich gerade so, daß sie zu einer Freundin fahre, deren Mann solch eine Fabrik habe, da wolle sie ihm dies Anliegen vorlegen. Wir jubelten: Gott erhört Gebet, Er hat sich ein Werkzeug ersehen. Und tatsächlich kam bald die Nachricht, dieser Fabrikant wolle uns einen Teil der Hohlblocksteine schenken.
Von Tag zu Tag warteten wir nun auf das Anrollen der angekündigten Hohlblocksteine. Obwohl viele Wochen seitdem um ihr rechtzeitiges Eintreffen gebetet worden war, schien alles Beten umsonst zu sein, denn an dem Tag, als die

Kellerdecke fertig wurde und wir sie dringlich brauchten, waren sie noch nicht eingetroffen.
Die Schwestern, die auf dem Bauplatz diese große Not miterlebten, berichten: „Während wir von Stunde zu Stunde warteten, sagte einer der beiden Maurer, die uns anleiteten: ‚So geht's, wenn man so unnüchtern ist – morgen steht der Bau still.' Doch eine von uns antwortete, sich selbst Glaubensmut zusprechend: ‚Unsere Hilfe steht im Namen des Herrn – auch diesmal.' Solche Behauptungen riefen nur ein Lächeln hervor, und als dann mitten am Tag bereits die Geräte gesäubert und weggeräumt wurden, weil keine Arbeit mehr da war, gaben die beiden Maurer zu verstehen, daß sie also ab morgen unfreiwillig, und zwar auf unsere Kosten, Ferien machen würden. Unsere Herzen wurden voll Bangen: Würde Gott diesmal unsere Gebete doch unerhört lassen und sich von den ungläubigen Maurern schmähen lassen?
Da ertönte plötzlich ein lautes Hupen – ein Lastkraftzug kam an – es waren die lang erbetenen Hohlblocksteine! Mit Lob- und Dankliedern wurden die Wagen begrüßt. Ja, ‚Großer Gott, wir loben Dich ...' erklang aus tiefstem Herzen übers Gelände, voll Dank, daß Gott sich wieder als der Herr, der Ja und Amen ist, bezeugt und unser Gebet erhört hatte. Wir umringten die Wagen wie einen langerwarteten, lieben Gast. Unsere Arbeiter erlebten dies mit, und der eine,

der aus der Kirche ausgetreten war, wischte sich verstohlen die Augen über diesem wunderbaren Tun Gottes; ja, er meinte, hier könne man glauben lernen."

Warum hatte der Herr uns bis zur letzten Minute in dieser Notlage auf Seine Hilfe warten lassen und griff erst ein, als die Maurer die Geräte schon weggeräumt hatten? Ihre Reaktion gab uns Antwort. Durch dieses Eingreifen Gottes in der Stunde, in der alles aussichtslos war, wurde ihnen das Ankommen der Hohlblocksteine ein überwältigender Beweis: Hier hat Gott gehandelt. Je aussichtsloser die Lage, um so größer wird Er uns und um so mehr wird Ihm über Seinem Tun die Ehre gegeben. Darum wartet Gott so oft trotz unseres anhaltenden Gebetes bis zur letzten Stunde mit Seinem Eingreifen und übt uns so, „Glauben zu halten".

Und „Glauben halten" hieß es für die Schwestern draußen und uns im Mutterhaus noch einmal an diesem Tag, denn in ihre Freude kam noch ein Wermutstropfen. Der Fahrer zog die Rechnung für den Transport aus der Tasche: 136 DM. Die Bauschwestern wußten aber, daß am Morgen bei der Abfahrt zum Bauplatz nur noch 8 DM in der Kasse gewesen waren. Im Glauben an den Gott, der Wunder tut, schickte Schwester Eulalia den Fahrer dennoch zum damaligen Mutterhaus. Wir bekamen einen großen Schrecken, als er mit der Rechnung ankam. Was war zu tun? Da geschah genau das, was auf dem Bau während dieser Minuten inständig von Gott erfleht wurde im Vertrauen, daß Gott keine halben Wunder tut. In diesem Augenblick traf die Post ein und brachte gerade den Geldbetrag, der nötig war, – wenn wir nach Begleichung der Rechnung auch selbst weniger als 1 DM besaßen. Welch ein Herr! Seine Hilfe war vollkommen, und es fehlte nichts an allem Guten, das Er verheißen hatte.

Die ungläubigen Maurer bekamen allmählich Glauben an Gott und Sein großes Tun, denn sie erlebten: Die Gebete im Gebetszelt bewegen Gottes Arm, Gott erhört also das Flehen der Elenden und kommt mit Seiner Hilfe wunderbar genau zur rechten Stunde, ja, Gott hilft uns, wie uns kein Mensch in schwerster Lage helfen kann.

GOTT HILFT IM WAGNIS DER UNSICHERHEIT

„UMSONST GEBT ES AUCH!"

Welch ein Glaubensweg unser Bauen in finanzieller Hinsicht war – das wird eigentlich erst deutlich, wenn der Hintergrund unserer besonderen wirtschaftlichen Lage aufleuchtet, in die uns Gott gestellt hatte.
Ein Jahr nach der Währungsreform, im Jahre 1949, als unsere ersten Erzeugnisse des Verlags und der Kunstwerkstatt zum Verkauf kommen sollten, brach die Frage auf: Ja, sollen wir wirklich verkaufen? Der Mitbegründer der Marienschwesternschaft, der schon Ende 1949 heimgegangene Superintendent der Methodistenkirche Paul Riedinger, brachte reichliche Erfahrungen für wirtschaftliche Fragen mit, da er jahrzehntelang im Dienst von Mutterhäusern seiner Kirche gestanden hatte. Doch wie sollte der Weg der Marienschwesternschaft in diesen Fragen verlaufen? Sollten wir wie andere Werke in Kranken- und Invalidenversicherungen eingehen? Sollten wir für unseren Dienst bestimmte Gegenleistungen abmachen, Preise festsetzen, wie es allgemein üblich ist?
Im Blick auf die tägliche Versorgung der Schwestern und die Sicherung unserer Existenz war diese Frage auch um der Elternhäuser unserer Schwestern willen in irgendeiner Weise zu beantworten, aber vor allem dem eigenen Herzen

gegenüber, – trugen wir Mütter doch die volle Verantwortung für unsere Schwestern. Ich hatte in mir eine ganz bestimmte Vorstellung, ein durch die Bergpredigt gemaltes Bild, daß denen, die „am ersten nach dem Reich Gottes trachten", alles andere „nachgeworfen" wird (Matth. 6,33). Ein Name, der Name „Vater", war als ein heller Klang in meinem Herzen – Er will sorgen, Er will sich als Vater in Seiner Liebe und Macht an Seinen Kindern erweisen. Doch wir als Seine Kinder müssen Ihm die Möglichkeit dafür geben, das heißt den Weg frei machen, damit Er Seine Macht und Güte an uns erweisen kann. Gott der Vater will und muß verherrlicht sein, dies Anliegen hatte Er wie einen Brand in mein Herz gelegt.
Auf welchen Wegen sollte das geschehen? Da war es mir klar: Wenn wir unsere Sicherheiten und Ansprüche loslassen und uns in die Abhängigkeit vom Vater im Himmel begeben, dann bieten wir Ihm die Möglichkeit, für uns zu sorgen, Seine Wunder zu bezeugen. Das bedeutet aber „Hergeben" der Sicherheit, der festen Einnahmen, un. dann auf dem Weg des Glaubens und des Gebets von Ihm alles zu empfangen nach Seinem Wort: „Gebt, so wird euch gegeben, ein voll gerüttelt und überfließend Maß" (Luk. 6,38).
Doch Superintendent Riedinger trug ein anderes bestimmtes Bild in sich, nämlich das seiner Praxis und Erfahrungen. So mußten wir im gemeinsamen Gebet über diese entscheidende

Frage um die ganze Klarheit und Einheit ringen. Und der Geist Gottes war so stark, daß Er uns am Schluß ganz eines Sinnes werden ließ. Gott gab auf unser Flehen um den rechten Weg zweimal hintereinander das gleiche Losungswort: „Wer sein Leben findet, der wird's verlieren; und wer sein Leben verliert um meinetwillen, der wird's finden" (Matth. 10,39).

Alles, was wir an irdischen Sicherheiten festhalten wollten an Verdienst, an Rücklagen, sollten wir verlieren – so hatte Gott geredet. Wir gingen nun keine Kranken-, Invaliden- und Altersversicherung ein und beschlossen, daß unsere Dienste ganz unabhängig von Vergütung getan und auch unser Schrifttum und die Erzeugnisse der Kunstwerkstatt ohne jegliche Forderung auf Gegenleistung abgegeben werden sollten. *) Das hieß nun, da wir allein abhängig vom Vater im Himmel waren, um so mehr den Weg des Gebets und des Glaubens zu beschreiten und alle Hilfe von Ihm zu erwarten.

So gingen wir fortan diesen Weg, der unsere Schwesternschaft mit zu einer Schwesternschaft des Gebets machte. Denn täglich standen wir nun neu vor dem Nichts und menschlich gesehen vor großen Sorgenbergen, die hinweggebetet werden mußten. Darum hatten wir unendlich viele Gelegenheiten, im Gebet Gott Seine Ver-

* Die ersten Jahre gingen noch kaum Schriften durch Buchhandlungen.

heißungen der Heiligen Schrift wie einen Schuldschein vorzuhalten und zu erbitten, daß Er sie einlöse, aber auch ebenso vielmal Grund, Ihm für Seine väterliche Hilfe zu danken.

Auf diesen Weg können wir nun bald zwei Jahrzehnte zurücksehen, einen Weg ohne feste Einnahmen und ohne Sicherung, einen Weg des Betens und Glaubens und zugleich der Wunder und Durchhilfen, der nicht auszurühmenden Güteerweise Gottes. Wie wunderbar hat der Herr uns durchgetragen: Reichlich und täglich hat Er uns versorgt, im Großen und im Kleinen. Er hat auf diesem Weg des „Leben-verlierens" uns in allen Nöten unseres Schwesternlebens nicht zuschanden werden lassen. Wenn Er etwa bei Krankheiten nicht direkt durch Handauflegung eingriff und heilte, hat Er Herzen gelenkt, daß uns viel an Medikamenten geschenkt, ärztliche Behandlung, ja sogar Krankenhausaufenthalte und Operationen nicht berechnet wurden. Darum ist es uns aus jahrelanger Erfahrung zur Gewißheit geworden: Man kann Gott nie genug zutrauen – Seine Liebe und Macht übertreffen unsere kühnsten Gebete und Erwartungen.

Doch in der Praxis spürten wir dann allerdings auch, was es bedeutet, „sein Leben zu verlieren" und nach dem Wort zu leben: „Umsonst habt ihr's empfangen, umsonst gebt es auch" (Matth. 10,8). Dabei hieß es täglich neu und ganz und gar allem menschlichen Rechnen absagen und nur noch mit Gott rechnen, daß Er auf Seine Weise und eben nicht auf die übliche Weise unsere Kasse zur Aufrechterhaltung Seines Werkes füllen würde. Das erlebten wir damals bald, nachdem die ersten kleinen graphischen Erzeugnisse im Vorraum unserer dafür errichteten Hütte ausgestellt wurden. Die ersten Schriften, entstanden aus nachgeschriebenen Vorträgen meines früheren Reisedienstes, hatten wir in einer Druckerei drucken lassen und alles, was an Geld geschenkt worden war, dafür hingegeben. Weder für die Schriften noch für die Sprüche, Bilder oder Mäppchen mit lichtgepausten Worten, welches alles in unsäglich mühsamer Handarbeit hergestellt wurde, wurde eine Gegenleistung gefordert.

Mutter Martyria erzählt unter anderem aus dieser Zeit: „Da kam ein junger Mann an mit einem christlichen Kolporteur, dem er erklärte, daß er hier ruhig mitnehmen könne, was er wolle, das würde alles ohne Geld abgegeben. – Ich werde nie seinen großen, schwarzen Koffer vergessen mit den gelben Lederecken, in dem packweise alles verschwand. Die beiden gingen und ließen mich in größten Anfechtungen zurück! Würden wir auf diesem Weg nicht bankrott machen? Ich hing mich an unser Wort vom ‚Leben verlieren' in dieser Lage, um nichts zu sagen, und flehte den Herrn an, Er möchte nach Seiner Verheißung tun, daß, wer sein Leben um Seines Namens willen verliert, es gewinnt. Ja, wenn wir nach

Seiner Weisung diesen Weg gingen, möchte Er uns dabei nicht untergehen lassen."
Und Gott hat Seine Verheißung erfüllt. Denn wohin führte dieser Weg? Heute können wir Gäste über unser Land „Kanaan" führen, und sie sehen, daß Mutterhaus und Kapelle, Jesu-Werkhaus und die große Jesu-Ruf-Kapelle, das Kanaan-Rüstzeitenhaus Jesu-Freude und das kleine Franziskus-Pflegeheim da stehen, dazu das 9 Hektar große Land und alle die Anlagen – und sie erfahren, daß außerdem noch ein Haus in Israel unser eigen ist. Wie konnte das alles werden? Nicht durch unsere Verdienste, große Zuschüsse und Kapital, Hypotheken, – nein, nur aus größter Armut auf Wegen des Glaubens und des Gebets! Gott bewies, daß Er sich zu Seinem Wort stellt: „Gebt, so wird euch gegeben ..." und „Trachtet am ersten nach dem Reich Gottes ..." und „Alles, was ihr bittet in eurem Gebet, glaubt nur, daß ihr's empfangen werdet, und es wird euch werden" (Mark. 11,24). Denn in all diesen Jahren konnten wir jedesmal zum Zahlungstermin unsere Rechnungen für die Bauten bezahlen, so daß alle Häuser schuldenfrei dastehen, weil Er selber ohne daß wir je dazu aufgerufen oder gesammelt hätten, viele Herzen bewegte, für dies Sein Werk Gaben und Opfer zu geben.
Jeder, der die Wunder dieses Weges sieht, wird die Wirklichkeit des Wortes Gottes bestaunen und Gott anbeten müssen. Ja, Gott hat erwiesen,

daß Er Seine Gaben reichlich über uns ausschüttet, wenn Er in uns das zerbrechen kann, daß wir rechnen und uns irdisch für uns und die Unseren sichern wollen, wenn Er uns vielmehr dahin bringt, daß wir alles im Glauben von Ihm erwarten und uns dabei für Sein Reich verzehren.

GOTT HILFT AUF WUNDERBARE WEISE

WO KAMEN EIGENTLICH DIE GELDER HER?

„Sie bekamen doch keine Bau-Zuschüsse, arbeiteten ohne Hypotheken und hatten kein Kapital?" So werden wir immer wieder gefragt. Einige Schlaglichter mögen es erklären.

Es war im Frühjahr 1951, als wir mitten im Bau des Mutterhauses und der Kapelle standen, die Rechnungen sich häuften und wir in ganz große Notlagen kamen. Wir wußten nicht mehr, wie wir die großen Summen je bezahlen sollten, denn es kamen täglich nur etwa 50 bis 100 DM an Spenden herein, und viele Tausende standen aus. Nun hatten wir aber bei diesem ganzen Unternehmen nicht nur unseren Namen riskiert, sondern die Ehre Gottes aufs Spiel gesetzt. Firmen, Behörden, Presse und Bevölkerung wußten, in welchem Namen dieser Bau hinausgeführt werden sollte – und waren entsprechend daran interessiert. Man erzählte uns, daß morgens, wenn die ersten Straßenbahnen all die müden Arbeiter stadteinwärts beförderten, an unserem Grundstück plötzlich ein Ruck durch den Wagen ging. Mit Ellbogen stieß man sich wach, und aller Augen verfolgten gespannt, ob der Bau gewachsen war. Stillegung und Verschuldung wären darum um der Ehre Gottes willen nicht auszudenken gewesen.

In dieser Zeit großer Bedrängnis schrieen wir

förmlich zum Vater im Himmel, daß Er unsere Geldnot wende. Und Gott antwortete, und zwar auf sehr wunderlichem Wege.
Da geschah es gerade in jenen Wochen, daß ich in einer größeren Stadt einen Vortrag zu halten hatte, und anschließend wollte mich eine Dame sprechen. Ich hatte ein seelsorgerliches Anliegen vermutet, doch die Dame erzählte ein seltsames Erlebnis. Es sei ihr gewesen, als ob Jesus in der vergangenen Woche ihr immer wieder gesagt habe: „Gib den Marienschwestern dein Geld, das du auf der Sparkasse hast." Doch sie habe gesagt: „Das werde ich nie tun, denn erstens kenne ich die Marienschwestern kaum, und zweitens brauche ich das Geld unbedingt als Rücklage." Die Tage darauf habe sie aber starke Schmerzen im Bein bekommen und kaum mehr gehen können. Da habe sie sich gefragt, ob diese Schmerzen vielleicht mit ihrem inneren Nein gegen Gott zusammenhängen könnten, und gebetet, wenn es so sei, möchte Er die Schmerzen wegnehmen, denn sie wolle sich nun von ihrem Geld lösen und es abheben. Und siehe, die Schmerzen schwanden sofort. Nach diesem Erleben war sie in den Vortrag gekommen. Als sie mir das erzählt hatte, entnahm sie ihrer Tasche einen Geldbetrag und übergab ihn mir für den Bau. Es waren 800 DM, für uns in jener Notlage wahrlich eine große Summe.
Ich war durch diese Antwort Gottes auf unser

Gebet, uns Hilfe zu schenken, zutiefst bewegt. Diese Art Seines Helfens ließ uns etwas in die Werkstatt Gottes hineinsehen und in das Herz Seiner großen Liebe und Fürsorge, mit der Er für die Hinausführung des Kapellenbaus als Seines Reiches Anliegen sorgte – auf wunderlichen Wegen. Da drängt Er in Liebe eines Seiner Kinder ganz persönlich, Ihm ein Opfer zu bringen, dessen Segen auf es zurückkommt, und benutzt solches zugleich, um andererseits die Sache Seines Reiches voranzutreiben. Wenn wir die folgenden Monate weiter dunkle Glaubenswege gehen mußten, da weit und breit kein Ausweg zu sehen oder nach menschlichem Ermessen Hilfe zu erwarten war, stärkte uns die Erfahrung: „Du bist gegen mich, Dein Kind, mehr als väterlich gesinnt", „Weg hast Du allerwegen, an Mitteln fehlt Dir's nicht".

ERFÜLLTE ZEICHEN · BEREUTE SÜNDE

Es geschah eines Tages, daß wir vor der Frage standen: Dürfen wir es wagen, für die Mutterhauskapelle eine Orgel zu bestellen – oder sollen wir noch warten? Freilich war die Orgel unser aller Herzenswunsch, gerade für diese Kapelle, die dann Tag für Tag zur Anbetung dienen sollte. Und innig und dringend wurde dem himmlischen Vater diese Bitte, daß Er für Seine Kapelle die Orgel schenken möchte, vorgebracht. Aber es war nicht nur kein Geld da, sondern große Summen standen noch aus zu bezahlen. Da erbat ich mir ein Zeichen vom Herrn: Wenn in dieser kommenden Woche wider alles Erwarten eine außergewöhnlich hohe Spende eingehe, sagen wir einmal 1000 DM, dann sei es ein Angeld Gottes, daß wir die Orgel bestellen dürften und Er uns dann auch die übrigen Tausende geben würde. Das war an einem Sonntagabend, und zwar im Januar, nachdem Weihnachten mit eventuell zu erwartenden Spenden gerade vorbei war.

Tags darauf reiste im kleinen Gästehaus, das sich damals noch in einer Mietwohnung Darmstadts befand, eine Dame aus Württemberg an. Die Gästeschwester dachte: Vielleicht freut sich unser Gast, wenn ich heute sein „Nationalgericht" koche, nämlich schwäbische Spätzle. Weil solche zu bereiten aber eine Kunst für sich ist, die meist nur Einheimische richtig können, gelangen die Spätzle nicht ganz. So stocherte die Dame beim Mittagessen auf ihrem Teller herum und sagte: „Das sollen Spätzle sein?" Daraufhin reagierte die Schwester empfindlich und gab eine vorwurfsvolle Antwort.

Schon bei Tisch und vor allem nachher ergriff aber die Schwester ein Schmerz über ihr Verhalten, und in großer Reue klopfte sie am Zimmer jenes Gastes, um ihn um Verzeihung zu bitten. Auch diese Frau war inzwischen betrübt über sich, und sie versöhnten sich zu einer durch alle Jahre anhaltenden herzlichen Verbundenheit. Beim Abschied zog jedoch die Dame ihre Börse heraus und drückte unserer erstaunten Schwester 1000 DM in die Hand.

Im Mutterhaus saßen wir gerade bei Tisch, als die Schwester aus dem Gästehaus hereinkam und mit glückstrahlendem Gesicht ein Päckchen Banknoten schwang – das Angeld für die Orgel. Gott hatte unser Gebet erhört – doch wieder auf eine andere Weise als unser Flehen um Geld in der dunklen Zeit der Geldnot einige Monate vorher, als Er jene Dame durch Schmerzen zu einer Gabe bewegte.

Tatsächlich: Bei Gott gibt es keine Regel – vielfältig sind Seine Wege, unsere Gebete zu erhören, selbst wenn es um Hilfe in derselben Not geht. Staunend standen wir davor, welche wunderbaren, auch wunderlichen Wege, die unserer Vernunft so fern sind, Gott erwählt, weil Er „Wunderbar" heißt. Ja, selbst unsere Sünde, so wir sie bereuen, benutzt Er, um uns zu helfen, daß das Erbetene herbeikommt. Seitdem singen wir noch getroster:

Wie Du uns hilfst, das weiß ich nicht,
doch daß Du hilfst, ist ganz gewiß!

AUF GRUND DER LOSUNG VOM 20. 6.

Große Geldnöte, weil sich die Rechnungen für den Bau mehren, – aber es scheint, als schweige Gott, keine Hilfe kommt! Da – in der allergrößten Not entdeckte unsere inzwischen heimgegangene Schwester Angelica, die wegen ihrer Krankheit viel liegen mußte, beim Vorausblättern im Losungsbüchlein der Herrnhuter Brüdergemeine, daß am 20. 6. 51 die Losung war:

„Wer ist willig, heute die Hand des Herrn zu füllen?" (1. Chron. 29,5).

und der Lehrtext:

„Diese Witwe hat von ihrer Armut alles, was sie hatte, ihre ganze Nahrung eingelegt" (Mark. 12,44 b).

Da fuhr es ihr ins Herz: Ich werde dafür beten, daß irgend jemand, der an diesem Tag die Losung lesen wird, für den Bau der Kapelle eine größere Summe schenkt. Das wurde nun ihr tägliches Gebetsanliegen, und viele Schwestern beteten auch dafür. Andere dagegen zweifelten, ob diese Losung eine Verheißung gerade auch für unseren Kapellenbau bedeuten könnte.
„Und dann kam", wie Schwester Stephana, die damalige Kassenschwester, erzählt, „der 20. 6. 51. Natürlich geschah nichts. Aber das war mir erklärlich, – der Überweisungsweg einer Spende brauchte ja auch Zeit. Voller Spannung erwartete

ich die Post am nächsten Tage, dem 21. 6., – den Postscheckbrief – den Bankauszug –, doch es kam nichts. Einige Tage später hingegen traute ich kaum meinen Augen, als ein Postscheckabschnitt einging über 500 DM, ein für uns damals außergewöhnlich hoher Betrag, mit dem Vermerk: ‚Siehe Losung vom 20. 6., mit herzlichem Gruß.'"

Jetzt war bei uns die Freude groß. Der Gong rief eilends die Schwestern, die im Mutterhaus arbeiteten, zusammen, und überwältigt von Gottes Vatergüte erschallten frohe Lob- und Danklieder. Denn diese Gabe fiel in eine so dunkle Zeit, voll Anfechtungen und Tränen, in der alle Umstände und Verhältnisse viel mehr darnach aussahen, als wäre unser Vater wider uns und nicht für uns. Darum kam uns die Losungsbuch-Spende wie ein Gruß vor, den der Himmel selbst an uns adressiert hatte.

Besonders beseligt war Schwester Angelica, daß Gott Sein Ohr ihrem Betteln geöffnet hatte. Es hatte Ihm allem Anschein nach wohlgefallen, daß Schwester Angelica nicht nur allgemein um Geld betete, sondern wie ein wahres Kind den Vater im Himmel um Bestimmtes bat. Freut sich nicht ein irdischer Vater, wenn ein Kind immer wieder zu ihm kommt, jetzt um dies, dann um jenes Bestimmte bittend? Viel mehr noch wird das den himmlischen Vater freuen, von dem alle Vaterschaft auf Erden ihren Namen hat und ein

Abbild ist. „Wenn ihr werdet wie die Kinder – auch in eurem Beten, – dann gehört euch das Himmelreich mit all seinen Gaben und Schätzen!"
Später schrieb uns die Lehrerin, von der die Spende stammte, daß sie am 20. 6. beim Lesen der Losung gleich gemahnt war, nach dem Wort Gottes zu tun, und zwar ihre einzige Rücklage von 500 DM für den Bau unserer Kapelle zu opfern. Sie aber zögerte und machte sich zuerst an die Arbeit. Doch nichts, was sie begann, gelang ihr an diesem Morgen, bis sie an ihren Schreibtisch ging und die Postanweisung über die 500 DM ausstellte und dabei fröhlich wurde.

„ABBA, LIEBER VATER!"

Einige Jahre lang hatten wir eine kleine Kinderheimat an der Bergstraße zu betreuen. Aus dieser Zeit berichtet Schwester Jochebed: „Im Frühjahr 1951 war die Schar unserer Kinder angewachsen, auch die Zahl derer, für die nichts bezahlt wurde. Wir mußten sie auf dem Weg des Glaubens und Betens, den Gott unsere Schwesternschaft führte, ernähren und kleiden. So galt es, täglich viele kleine Münder satt zu bekommen; und das war in dieser Zeit nicht einfach, denn das Gemüse war sehr teuer, und es gab noch nichts in unserem Garten. Nicht zu zählen waren darum die Schreie um Hilfe, die zum himmlischen Vater aufstiegen und die uns begleiteten bei allem, was wir auch taten und wohin wir auch gingen.

So machte ich mich einmal auf, im Dorf das Nötigste einzukaufen. Da war es mir, als sollte ich eine alleinstehende Frau, die ich in mancherlei Nöten wußte, auf dem Wege besuchen. Und was geschah? Beim Verabschieden sagte sie, ob wir denn nicht von ihrem vielen eingeweckten Obst und Gemüse gebrauchen könnten, es stehe doch bei ihr herum, weil sie allein ja gar nicht alles essen könne. Mit einem Handwagen mußten wir kommen, so viel war es!

Am nächsten Morgen, als ich die Fensterläden aufstieß, sah ich, daß an der Tür ein Sack stand. Es war guter Spinat darin, und ein Bauer hatte ihn heimlich hingestellt, wie sich später herausstellte.

Aber nicht genug: nachmittags kam ein Gärtner aus der Nachbarschaft und fragte, ob wir Porrée-Gemüse haben möchten, er müßte die Beete neu einsäen, wir möchten es doch holen. Wir Erwachsenen kamen aus dem Staunen und Danken nicht mehr heraus – und erst recht nicht unsere Kinder, die ja vorher mit uns ihre kleinen, innigen Gebete um das Fehlende dem Vater gebracht hatten, und mit strahlenden Gesichtern saßen sie nun vor den Bergen all der guten Sachen. Dies kleine Dankfest, das wir dann mit ihnen zusammen hielten, werden sie wohl nie vergessen. Jedes Kind fühlte sich vom Vater als Sein Kind besonders geliebt und bedacht. Sie klatschten in die Hände und sangen mit uns: ‚Mein Vater, wie bist Du so gut.' Herzerquickend war es fortan, mit welchem unbegrenzten Vertrauen unsere Kleinen ihre Bitten Tag für Tag zum himmlischen Vater brachten.

Ein andermal ging die Stopfwolle für Strümpfe und Jacken aus. Da wir aber kaum Geld für die nötigsten Lebensmittel hatten, zögerte ich immer wieder, auch nur irgend etwas anderes einzukaufen. Doch eines nachmittags konnte ich nicht mehr widerstehen. Nachdem ich beim Bäcker

gewesen war, ging ich in den kleinen Laden, um Wc!!e zu kaufen. ‚Ein Kärtchen kostet nicht viel', redete ich mir ein. Viele Leute waren vor mir, und während ich warten mußte, kämpfte es in mir: Du hättest mehr beten sollen – vielleicht hilft doch der Vater – du solltest warten . . .! – und ehe ich bedient war, stand ich wieder draußen.
Am nächsten Sonntag hatte ich bei einer ganz armen Familie kleine Kinder zu hüten, weil die Frau in den Gottesdienst ging. Als sie heimkam, holte sie aus der Stube ein Päckchen: Sie habe kürzlich Strümpfe gestrickt, und da sei ein wenig schwarze Wolle übriggeblieben, die könnten wir doch sicher gebrauchen. –
‚Abba, mein Vater', so klang's immerdar in meinem Herzen. Ich war beschämt und überwältigt davon, wie der große Gott sich als ein rechter Vater, der sich um die kleinen Nöte und Verlegenheiten Seiner Kinder kümmert, bewiesen hatte. Und mein Kindesverhältnis als ein Verhältnis der Liebe und des Vertrauens zum Vater wurde neu gestärkt."

BONBONS AM SAMSTAGABEND

Wir hatten eine Kinderfreizeit im Haus, zu der aus allen Richtungen unseres Landes Mädchen gekommen waren. Sie hatten in den Bibelstunden von dem Gott gesagt bekommen, der auch heute Gebete erhört und Wunder tut. So waren sie voll Verlangen, auch kleine Wunder Gottes zu erleben.

Beim Morgengebet war nun unter den Bitten der Kinder auch die um Süßigkeiten – denn es waren mehrere Mädchen darunter, die durch besondere Umstände seit Jahren auf so etwas hatten verzichten müssen. Und darum erbaten nun die anderen, der himmlische Vater möchte doch auf wunderbare Weise jenen einmal zu Bonbons verhelfen, welche damals ohnedies noch eine rechte Kostbarkeit für alle waren.

Doch vergingen die Tage, ohne daß Süßigkeiten kamen, und es wurde schon Samstagabend. Am Montag früh aber sollte Abreise sein. So war nun kein Paket mehr zu erwarten. Das tat der Schwester, welche die Leitung der Freizeit hatte, sehr leid, bedeuteten doch für manches Mädchen diese kleinen Bitten um Süßigkeiten die ersten Versuche auf dem Weg des Gebets. So wurde es also Abend, es war wohl schon nach 21 Uhr, da läutete es. Der Chef einer Großhandlung kam

persönlich an und trug einen Blecheimer und eine mächtige Tüte. Er entschuldigte sich von Herzen, daß er leider, leider unsere Marmeladebestellung fürs Gästehaus ganz vergessen habe – hoffentlich seien wir noch nicht in Verlegenheit gekommen – und, „nichts für ungut", diese Tüte Bonbons hier schenke er uns dazu.
Jene Vergeßlichkeit mit ihrer „Wiedergutmachung" in Bonbons, die genau auf den Samstagabend fallen mußte, ließ die Mädchen voll Staunen nun selber erleben, daß Gott der lebendige Gott ist, der auf ihre kleinen Gebete hört. Ja, größer und wunderbarer wurde uns allen Gott in diesem Tun, als wenn Er ein sogenanntes großes Wunder getan hätte, das offenbar Seine Macht bezeugt hätte. Denn dies „Wunder der Bonbons" sagt von dem Größten, von der zarten, fürsorgenden, väterlichen Liebe Gottes als des himmlischen Vaters. Es sagt von Seiner Liebe, die so groß ist, daß Er, obwohl Er Himmel und Erde regiert, zugleich jedes Haar auf unserem Haupte zählt und darum auch um die kleinsten Anliegen dieser Kinder besorgt ist und geringste Bitten erhört.

ER IST „FÜR UNS"! - EIN RICHTFESTBERICHT

2. Dezember 1950. Die Balken für das Dach des Mutterhauses wurden schon gesetzt – für die Kapelle sollte der Grundstein gelegt werden – und wir hatten bei diesem Anlaß vielen Menschen viel zu danken. Darum sollten sie alle zum Richtfest eingeladen werden: die guten Freunde, der Architekt, der Oberbaudirektor, die anderen Herren vom Bauamt, die beiden Maurer, die Fuhrleute, die Vertreter der Behörden und Firmen.

Einen größeren Raum für die Einladung hatten wir jedoch nicht außer einem großen Keller des neuen Hauses. Der würde aber reichen. Wir wollten ihn mit Brettertischen und Bohlenbänken gut ausstatten, weiß decken, schön schmücken, alle bewirten und zusammen Gott viel loben.

Jeder weiß, daß Richtfest bedeutet: Endlich kommen die Dachbalken aufs Haus, aber es ist noch kein Dach darüber. Unsere Kellerdecke, die zum Teil aus Beton, zum Teil aber aus wasserdurchlässigen Hohlblocksteinen besteht, war also ungeschützt, und es durfte eigentlich nicht regnen, wenn man im Keller feiern wollte. Die ganze Woche vor dem Fest schüttete jedoch der Himmel herunter, was er nur konnte. In der Nacht vorher brachen solch ein Sturm und Regen los, daß jeder von uns mehr an Weltuntergang als an Richtfest dachte.

Bekümmert fuhren die Schwestern am Morgen im strömenden Regen ganz früh zum Bauplatz – was tun? Die Steine der Kellerdecke waren vollgesogen vom Regen. Sie würden, auch wenn der Regen jetzt nachließe, noch tagelang aus ihren Hohlräumen nachtropfen. Sollte man die Einladung rückgängig machen? – doch das war nicht mehr möglich. Die ganze Schwesternschar mühte sich vergeblich um einen Ausweg. Mit Tüchern wurde die Decke abgetrocknet, die jedoch immer weiter nachtropfte – alles Beraten half nichts.

In unserer großen Notlage waren wir wie zerschlagen, es blieb uns nur noch das Gebet. An diesem ersten Fest auf dem Bau, auf dem wir bereits so viele Wunder Gottes erlebt hatten, rechneten wir so fest damit, daß Gott sich zu uns stellte, indem Er den Wolken gebot. Doch Gott verbarg sich. Mit verzweifelten Herzen, die unter dem tropfenden Regen und im Gedanken an die zu erwartenden Gäste immerdar Gott um Hilfe anflehten, deckten wir alle Brettertische mit Leintüchern, drehten die Tassen vorsichtshalber um, damit sie nicht halbvoll mit Regenwasser angetroffen würden. Wir schmückten die Tische, sicherten in den Nebenkellern die Kuchen mit Regenschirmen ab und erwarteten die Gäste, auf Gottes Eingreifen hoffend, aber ohne uns Seine Hilfe ausmalen zu können.

Wir faßten es in diesem Augenblick der völligen Aussichtslosigkeit nicht, daß, wo die Not am größten, Gott am nächsten ist und daß Er, der das Schreien der jungen Raben nach Futter hört, gewißlich auch das Schreien Seiner Kinder hören würde. Obwohl wir nur Gottes Ferne spürten, war uns der Vater ganz nah. Er ließ die Not für uns aufs Höchste steigen, so daß wir die ganze menschliche Ausweglosigkeit unserer Lage erkennen und auskosten mußten. Darin sollten wir zu Gott schreien lernen wie selten, um dann zu erleben: Wir haben einen Gott, der da Wunder tut – wir haben einen Gott, der Gebete erhört und hilft.
Und dann geschah das Wunder: Als die Gäste kamen, hatte der Regen aufgehört und setzte erst wieder ein, als sie nach Hause zurückgekehrt waren. Doch das eigentliche Wunder war, daß in diesem einen Festkeller während der ganzen Feier kein Tropfen von der Decke fiel, während in allen anderen Kellern es unentwegt in Rinnsalen und Wasserbächen von Decken und Wänden weiterregnete. Für uns und unsere Freunde ein physikalisches Wunder! Und die Gegenwart Gottes war in diesem armen Keller so ausgebreitet, wie es nach unser aller Eindruck bei keiner Feier sonst in demselben Maß war. Nach der Einleitung des schrecklichen Unwetters in der Nacht vorher fühlten wir uns als Festgemeinde in dem rohen Kellerraum ohne Fußbo-

den, als ob der Himmel angebrochen wäre. Einer der Ehrengäste, die damals anwesend waren, sagt uns erst kürzlich, daß diese Stunde zu den unvergeßlichsten seines Lebens gehöre.
Wenn wir jetzt an unser Richtfest denken, ist in unseren Herzen nur ein Staunen: Wie groß bist Du, unser Gott – ich erkenne, daß Du alles vermagst, und nichts, was Du Dir vorgenommen zu tun, ist Dir zu schwer. Du machst in starken Wassern Bahn.
Ungezählte Male haben wir es im Kleinen erlebt: Wenn Gott wider uns zu sein scheint, dann arbeitet Er an uns und hat Großes mit und für uns vor. Und dieses „für uns" war uns auch an jenem Richtfest, nach all den Züchtigungen vorher, das Wunder aller Wunder.

GOTT ANTWORTET AUF GLAUBENSGEHORSAM

ICH BIN DER HERR, DEIN ARZT! – UND DER DICH BEHÜTET, SCHLÄFT NICHT!

An Skeptikern, Spöttern, Gegnern unseres jungen Glaubenswerkes fehlte es nie. Um so mehr galt es für uns Sorge zu tragen, solchen Augen, die auch während der ganzen Bauzeit auf uns gerichtet waren, keinen Anstoß zu geben. So sagten Skeptiker, daß unsere Bauweise doch sträflicher Leichtsinn sei, ein Gottversuchen, und junge Mädchen in solche Arbeiten einzuspannen wäre wirklich unverantwortlich. Doch wir würden wohl nur aus Schaden klug werden, und so müsse halt sicher erst etwas passieren, bis ...

Für Gottes Ehre wären also die schlimmsten Baukatastrophen anderswo nicht so beeinträchtigend gewesen wie bei uns nur eine einzige verunglückte Hand. Die Verantwortung für diese schwere Bauarbeit lag aber auch ohne Warnung von Anfang an schwer auf Mutter Martyria und mir. Wieviel Gebete um neue Kraft und Bewahrung stiegen damals auf, sonderlich von uns Müttern, die wir nicht unmittelbar in der Bauarbeit standen, obgleich Mutter Martyria während meiner langen Krankheitszeit im Sommer 1951 immer zweimal wöchentlich auf dem Bau mit Hand anlegte. Würde Gott nun dennoch etwas an Unfall und Schaden geschehen lassen,

wenn wir im Gehorsam gegen Ihn, um Seiner Ehre willen, diesen Bau in Angriff genommen und allein im Vertrauen auf Ihn gewagt hatten? Und das – gemäß unserer inneren Führung – ohne Unfall- oder sonstige Versicherung?
Eine Schwester stürzte auf einer frischbetonierten Decke im ersten Stock. Sie brach durch und fiel so unglücklich auf ein Kantholz, daß ein doppelter Beckenbruch die Folge war, wie man nach der Einlieferung ins Krankenhaus durch Röntgenaufnahme feststellte. Als erstes rief das unsere Schwesternschaft zur Beugung auf darunter, daß Gott uns so strafen und richten, ja Seine Ehre aufs Spiel setzen mußte. Und Mutter Martyria und ich setzten einen Fast-, Buß- und Bettag an. Nach einer Gebetsnacht mit schwersten Anfechtungen rang ich mich zu der Gewißheit durch, daß dieser Unfall nicht gegeben sei, um die Prüfung einer langen Leidenszeit zu bringen, sondern durch eine Heilung zur Verherrlichung Gottes dienen solle.
So ging es darum, Gottes Weisung gehorsam zu sein, und wir nahmen die Schwester heim. Wir taten es zitternden Herzens um der großen Verantwortung willen, mit der bangen Frage: Und wenn sie dadurch ihr Leben lang ein Krüppel bleibt? Schriftlich mußte ich die volle Verantwortung dafür übernehmen, die Schwester, die eigentlich für viele Wochen in den Streckverband gelegt werden sollte, nach zwei Tagen aus

dem Krankenhaus heimzuholen. Dabei sagte der behandelnde Oberarzt sehr ernst zu mir: „Innere Krankheiten können vielleicht durch Gebete geheilt werden, doch nie sind zerbrochene Knochen auf Gebet hin zusammengewachsen.“ Und er warnte mich dringend. Als die Schwester heimgebracht worden war, legten Mutter Martyria und ich ihr unter Gebet die Hände auf, während einige Schwestern den Siegernamen Jesu rühmten mit dem Vers:

Jesu Nam, du Heilandsnam,
der da heilet all Gebrechen,
Jesus, der als Heiland kam,
um die Krankheitsmacht zu brechen,
Jesu Nam, in dir ist Kraft,
du bist's, der Genesung schafft.

Da stand die kranke Schwester, die sich vorher nicht ohne qualvollste Schmerzen im Bett rühren konnte, auf und konnte wirklich auf ihren Füßen stehen. Unsere Augen schauten wie gebannt auf sie, und unsere Herzen beugten sich in Staunen und Anbeten vor dem wunderbaren Tun Gottes. Binnen zwei Wochen war sie vollends geheilt und stellte sich den Ärzten vor. Diese Geschichte ging wie ein Lauffeuer durchs Land und machte Gottes Ehre viel größer, als wenn Er durch alle Zeit uns vor Unfall und Gefahr behütet hätte. Unsere Herzen waren übervoll von Dank, und es klang darin ein Wort: „Wo ist ein Gott wie Du, der Wunder tut ...?“

Wir hatten erlebt, wie Gott bei uns auf das Gebet des Glaubens aus dem Gehorsam gegen Seine Weisung wartet und was von solch einem Gebet abhängt. Hätte ich nicht im Glauben, der Weisung Gottes folgend, die Schwester nach Hause geholt – ein Gehorsamsakt, der mich um der großen Verantwortung willen unendlich viel kostete –, hätte Gott sich nicht durch dies Wunder verherrlichen und Seinen Namen großmachen können. Erleben von Wundern Gottes, die Ihn verherrlichen und Seinen Namen vor den Menschen großmachen, geschieht nicht auf billigen Glaubenswegen, sondern auf Gehorsamswegen, die schier das „Leben" kosten können – so hatte Gott zu uns durch dies Geschehen geredet. Warum auf solchen schweren Wegen? Durch sie werden wir in den Staub gelegt – und dann nur kann Gottes Ehre groß werden.

Mehrere andere Heilungen erlebten wir in diesen Jahren unter uns und eine Kette von Bewahrungen. Mehrmals geschah es etwa dann weiterhin, daß Schwestern beim Verladen schwere Steine auf die Füße fielen und sie dabei nicht verletzt wurden. – Einmal kamen aufgeschichtete Hohlblocksteine ins Rutschen, einige der 25 Pfd. schweren Steine trafen dabei eine Schwester am Kopf – sie dankte dem Vater und Seinen Engeln und konnte weiterarbeiten, weil ihr nicht das Geringste geschehen war.

Eine andere Schwester stürzte beim Betonieren

einer Kellerdecke kopfüber in einen Lichtschacht; wenige Millimeter neben ihrem Kopf lag eine Latte mit rostigen Nägeln – und sie war ohne Gehirnerschütterung und ganz unversehrt geblieben.

Einmal hatte eine Schwester ein Stück Fußboden auszustemmen und stieß dabei auf einen sonderbaren Stein. Als sie ihn mit dem Stemmeisen herausgeklopft hatte, war es ein noch geladenes Geschoß, das durch den Rheinkies in die Betonmassen gekommen und trotz der Stemmarbeiten nicht explodiert war.

Und ein andermal kam die Hand einer Schwester unter die zentnerschwere Kipplore, als diese wieder zurücksprang in ihr Gestell. Der Arzt konnte sich nicht genug verwundern, daß nicht alle Sehnen zerrissen und die Hand zerschlagen war, wie man unbedingt hätte annehmen müssen. Es blieb nur eine geringfügige Fleischwunde, die bald heilte. Da mußten wohl auch die Engel ihre Hände dazwischen gehalten haben.

Das sind jedoch nur Streiflichter aus dieser Zeit. Gott hatte unser aller viele Gebete, auch die unserer Freunde, um Bewahrung durch so sichtbares Eingreifen und handgreifliche Wunder Seiner Engelhilfe, „daß du deinen Fuß nicht an einen Stein stoßest", erhört und hatte wahrgemacht: „Von allen Seiten umgibst du mich und hältst deine Hand über mir" (Ps. 139,5). Nicht auf die Gefahren gilt es zu schauen, sondern auf den lebendigen Gott, und mit Seiner Hilfe im Gebet fest zu rechnen, ja auf Seine Zusage zu bauen, daß Er Seine Engel zum Dienst an den Gläubigen aussendet (Hebr. 1,14), – das hatte der Herr uns gezeigt.

GOTT SUCHT REUE UND NEUE HINGABE

DER „PFROPFEN IN DER FLASCHE"

Der Glaube, von dem in der Schrift steht, daß er Berge versetzt, ist nicht nur ein Fürwahrhalten, ein Fürmöglichhalten. Er ist wie ein Sturmwind Gottes, der den Menschen ergreift, ihn ganz erfüllt, ihn nichts mehr anderes denken und begehren läßt als dies eine, was Gott ihn zu erlangen heißt. Dafür setzt der vom Glaubensgeist ergriffene Mensch dann alles ein, ist zu jeglichen Kosten bereit und ist gewissermaßen mit seinem Willen in den Willen des allmächtigen Gottes eingehakt. Er kann nicht mehr zurück, er habe denn getan nach Seinem Wort – und würde doch sofort nachgeben, falls Gott ihm zu verstehen gäbe, daß Er Seinen Beschluß gewandelt habe.

Solchen Glauben suchte Gott unter uns – darum hatte Er uns auf Glaubenswege gestellt. Und doch mußten wir jedesmal, wenn wieder eine neue Strecke des Glaubensweges sich vor uns auftat, schmerzlich wahrnehmen, wie weithin das erste Reagieren unter uns ein „vernünftiges Denken" und Rechnen mit Gegebenheiten oder Unmöglichkeiten war, verbunden mit unserer menschlichen Trägheit und Gleichgültigkeit, die nicht gern ständig von der Ruhelosigkeit des Glaubens gestört sein will.

Wir hatten also den ersten Bauabschnitt beendet. Die Kapelle und das Mutterhaus waren

nach zweieinhalb Jahren vollendet. Wohl tausend Menschen waren zur Einweihung gekommen, und wir priesen Gott über dem Bau, der an diesem Tage ohne Hypothek, schuldenfrei vor aller Augen stand. Ausgerechnet dieser Bau, welcher auch um der Fragwürdigkeit seiner Finanzierung willen nicht genehmigt werden sollte, gehörte nun zu den am schnellsten bezahlten Neubauten der wiederaufgebauten Stadt. Die Glocke läutete es weit ins Land hinaus, wir bezeugten es wie die Träumenden, die erfahren hatten, daß Gott trotz uns große Dinge tut. Die Firmen bemühten sich, beim nächsten Bau mit uns zu arbeiten, denn, so sagte man in der Darmstädter Geschäftswelt: Das müsse man stehen lassen: Gott habe sich als kreditfähig erwiesen, und „der liebe Gott scheint doch finanzkräftig zu sein ..."
Es war also etwas erreicht: Die Mutterhauskapelle stand da und lud zu den Gottesdiensten und Stundengebeten mit ihrer Glocke ein; das Mutterhaus war vollendet mit den Schlafräumen, dem Speisesaal, dem Zionssaal – und doch: Unsere Gäste, welchen der Glockenschlag mit uns gelten sollte, wohnten in einem gemieteten Haus, eine dreiviertel Stunde von hier entfernt in der Stadt, in dem ihre zunehmende Schar auch kaum mehr unterkommen konnte. Und wir, die wir natürlich nur den Mindestraum fürs Mutterhaus erbaut hatten, standen bei den wachsenden

Arbeitsgebieten vor lauter Raumnot: Unsere kleinen Dachzimmer faßten weder das Papier noch die erforderlichen Maschinen für die anwachsende Druckerei, – von Lagerräumen für einen Verlag ganz zu schweigen. Die Bildhauerschwestern konnten ihre großen Kruzifixe aus Ton nur unter freiem Himmel aufbauen – und das bedeutete, daß jeder Regenguß sie wieder zerstörte.

Weil aber das Wachstum der Aufgaben nicht einzudämmen war, so mußte der Raum eine Ausdehnung erfahren. Wir sahen ein: Gott braucht weiteren Raum, um Sein Werk bei uns hinausführen zu können. Doch manchen unter uns war es sehr genehm, daß es ganz unmöglich schien, einen weiteren Bau auf dem unmittelbar an unser Mutterhaus grenzenden Gelände erstehen zu lassen.

Unmöglich? Ja, sogar doppelt unmöglich! Die Bundesregierung hatte nämlich gerade über diese Äcker eine bedeutende Sammelverkehrsstraße geplant, von strategischer Wichtigkeit und zur Entlastung des Straßennetzes unserer Stadt. Und zum anderen hatte im Hinblick auf diese zukünftige gute Verkehrslage eine große Tankstellengesellschaft dies Land in Industriepacht genommen, welche nicht zu kündigen war. Wir erfuhren, daß ein Rasthaus und weitere Tankanlagen auf dem Gelände geplant waren. Und diese Schwierigkeiten schienen uns so unüberwindlich, daß der größte Teil der Schwesternschaft gar nicht erst anfangen wollte, dagegen zu kämpfen, sondern, als wir die ganze Lage in Erfahrung gebracht hatten, innerlich kapitulierte. Wir waren glaubens- und gebets- und baumüde nach all den vielen Kämpfen auf dem Weg des Baus von Mutterhaus und Kapelle geworden. Wir ahnten nicht, in welcher Gefahr wir standen, nämlich der größten für ein Christenleben: satt und lau zu werden. Wir ruhten uns auf unseren Glaubenstaten sozusagen aus – wollten für Seele, Geist und Leib Ruhe haben – keinen Kampf mehr. Wir waren nahe daran zu vergessen, daß nur, wo gekämpft wird, Sieg kommen kann, nur, wo um etwas gelitten worden ist, die wahre Freude aufleuchtet.

Ich war damals wieder einmal länger auf Reisen und fragte im Mutterhaus in einem Brief an, wie es denn mit dem Nachbargrundstück stünde. Die Antwort lautete, daß der Erwerb dieses Landes aus jenen Gründen doch nicht in Frage käme und daß sich diesbezüglich vorläufig nichts machen ließe. Da ließ es mir Gottes Geist wie einen Blitz aufleuchten, welch ein Unglaube das war, hinter dem unsere Lauheit stand, und daß wir uns damit schuldig machten am Auftrag Gottes selbst. Darüber schrieb ich meinen Töchtern einen sehr ernsten Brief.

Das ging ihnen tief ins Herz, wie Mutter Martyria es später erzählte: „Jeder von uns spürte sofort:

Das war der Herr, der uns jetzt mächtig aufrüttelte und wie mit einem Posaunenruf aufweckte. Wie sollte Gott in dieser unmöglichen Lage ein Wunder tun, wenn wir nicht glaubten und einen Glaubensgebetskampf führten? Es fiel uns wie Schuppen von den Augen, unsere Lauheit und Schläfrigkeit war der ‚Pfropfen in der Flasche', der allein hinderte, daß wir das angrenzende Grundstück erwerben konnten. Und ohne daß dieser Pfropfen entfernt würde, konnte der Vorstoß auf das Bauamt niemals gewagt werden.

Diesmal war es nicht mit einer ‚Lichtgemeinschaft' getan, sondern viele Stunden bis tief in die Nacht hinein betete die ganze Schwesternschaft und flehte um den Geist der Wahrheit und Reue, auf daß Er uns über alles erleuchte, was Gottes Eingreifen hindere. Und Sein Geist kam auch und ließ es uns erkennen und bekennen. Wir hörten über uns das furchtbare Urteil, das der Herr in der Schrift fällte über einen ‚faulen Knecht'. Nun hätten wir gern alles getan, wenn nur Gott uns noch einmal begnadigte, Ihm ein Haus zu bauen.

Nach dieser Gebetsnacht, in der die Gebete unter manchen Tränen aus reumütigen Herzen aufgestiegen waren, wagte ich es am nächsten Morgen, beim Bauamt vorzusprechen. Und während man sonst in Wochen kaum zu einer Unterredung an den vielbeschäftigten Chef des Bauamtes herankommen konnte, hatten wir

diesmal noch am selben Morgen die telefonische Zusage, daß er uns gleich erwarte.
Der Oberbaudirektor ließ sich zu Beginn des Gesprächs sofort die Unterlagen kommen. Er klärte die Grundbesitzverhältnisse und konstatierte die Lage an sich als aussichtslos für uns, zumal die Gelder vom Bund schon für die große Straße vorlagen. Dennoch, völlig unbegreiflicherweise, rief er seine Sekretärin und diktierte ihr ein Schreiben an die Tankstellengesellschaft, in dem er, die bisherige Festlegung nicht achtend, den Verlauf der Umgehungsstraße 100 m weiter südlich vorsah. Damit wurde die Planung der Tankstellengesellschaft hinfällig. Weiter erklärte er, daß auf dem angrenzenden Gelände niemand anders je eine Baugenehmigung bekäme als die Marienschwestern. Und damit war das ganze Hindernis beseitigt. Die Tankstellengesellschaft nahm diesen Entscheid an, ohne weiter um Rechte auf diesem Gebiet zu kämpfen."
Was war geschehen? Etwas Unfaßliches, das die ganze Baubehörde und den Magistrat noch Jahre darnach beschäftigte und nicht zuletzt den Oberbaudirektor, der, als er später seine Handlung überschaute, über sich selber und diesen Mut verwundert war. Doch in dieser Stunde war er, ohne es zu wissen, Werkzeug Gottes gewesen, – dessen er sich später freute.
Unser Herr Jesus sagt: „So ihr nur Glauben habt wie ein Senfkorn und sprecht zu diesem Berg:

Hebe dich von hinnen, so wird er sich heben" (Matth. 17,20). Doch wir konnten nach diesem Erleben auch sagen: Wenn ihr keinen Glauben habt, kein Glaubensziel, weil ihr satt und gleichgültig seid, bleiben „Berge" stehen, die den Sieg und den Bau des Reiches Gottes hindern, wie zum Beispiel das Erstehen des neuen Hauses, das ja mit Druckerei, Verlag, Werkstatt, Atelier und Gästestockwerk zur Verkündigung Seiner Botschaft dienen sollte. Ja, „Gott kann", Er kann Berge – hier Straßen – versetzen, so wir für Sein Reich eifern und glauben, – das predigt uns „Jesu-Werkhaus", wenn wir heute darin ein- und ausgehen.

DAS ZWETSCHENGRUNDSTÜCK

Zu dem erweiterten Mutterhausgelände, auf dem Jesu-Werkhaus geplant wurde, gehörten außer dem Besitz der Tankstellengesellschaft noch drei kleine Äcker, die es zu erwerben galt, was mit manchen Schwierigkeiten verbunden war.

Jakobus gibt uns in seinem Brief den wichtigen Hinweis, daß „des Gerechten Gebet viel vermag, wenn es ernstlich ist" (Jak. 5,16). Was heißt aber „ernstlich"? Es heißt, daß ich etwas mit Ausdauer erwarte, es bekräftige, unterstreiche, mir etwas kosten lasse, – bei einem wichtigen Brief zum Beispiel kein Porto scheue, sondern ihn per Einschreiben und Eilboten schicke und für die Rückantwort vielleicht noch die Marken einlege.

So gibt es auch im Gebetsleben Unterstreichungen, Bekräftigungen, Ausdrucksweisen, die Gott anzeigen, wieviel uns an Seiner Antwort liegt. Das hat, wenn ein demütiges Herz dahinter steht, nichts mit Zwingenwollen, mit Selbstanstrengung, mit Spekulation zu tun, vermag der Beter doch wirklich sonst nichts, als dem Herrn anzudeuten, wie einzig und allein auf Ihn all seine Hoffnung gesetzt sei. Zu diesen Unterstreichungen des Gebets mag in gewissen Fällen das Opfer gehören, das Fasten, das Wachen und der Verzicht auf irgendeinem Gebiet sonst unseres Lebens.

Wochen und Monate hatten wir für die alte Frau gebetet, der einer der Äcker gehörte, Gott möchte sie doch willig machen, ihren verwilderten Acker gegen ein anderes Grundstück einzutauschen oder uns zu verkaufen, da dieser schmale Streifen ihres Landes mitten durch das Gebiet ging, auf dem unser Jesu-Werkhaus erbaut werden sollte.

Schwester Eulalia erzählt: „Ich besuchte nicht nur sie, sondern auch ihre Brüder und die Schwägerin viele Male, aber es war und blieb vergeblich. Sie bestand darauf, daß man etwas, was man von seinen Eltern geerbt habe, auf keinen Fall hergeben dürfe.

Bei einem erneuten Besuch war die Frau nicht zu Hause, aber ein kleiner Großneffe ließ mich ein und öffnete mir zum erstenmal die Tür in die Stube seiner Großtante. Da wurde mir mit einem einzigen Blick klar, daß diese Frau nie im Leben ihr Land verkaufen oder tauschen würde. Auf engstem Raum standen nämlich in der Stube Möbel für eine ganze Wohnung, meist abgeschlagen – in der Ecke das Bett, zu dem das Kind mich führte und erklärte, daß die Tante immer nur mit einem Leiterchen in ihr Bett komme, da sie nämlich sämtliche von ihren Vorfahren geerbten Matratzen aufeinandergelegt hatte und ganz oben darauf schlief. Der Junge bekräftigte meine blitzartige Erkenntnis mit der Erklärung: Die Tante habe noch kein Stück, das sie geerbt habe, jemals hergegeben.

Damit ging ich heim und berichtete. Unsere Mütter sagten, daß ein Mensch, der mit so vielen Banden an die Güter dieser Welt gebunden sei, nur durch ‚ernstliches Gebet' davon befreit werden könne – und wir spürten, daß es hier nicht nur um unseren Acker, sondern um eine an das Irdische gebundene Seele ging. Jesus sagt aber: ‚Diese Art fährt nicht aus denn durch Beten und Fasten' (Matth. 17,21). Mit Fasten sind dabei nicht nur Verzicht und Opfer an Gaben für unseren Leib, sondern genauso Opfer der Seele und des Geistes gemeint, die zum Teil noch schwerer wiegen können. So wurden alle Gebete der nächsten ein bis zwei Wochen dadurch unterstrichen, daß wir uns überlegten, woran denn vielleicht unsere Seele hinge. Oft ist es – da wir ja über keine ‚Besitztümer' verfügen – nur ein kleines Holzkreuz, eine schöne Kunstpostkarte, ein besonderes Necessaire, woran wir festhalten. Oder wir haben Angst vor einer geistlichen Hingabe und denken: Hoffentlich verlangt Gott eines Tages nicht noch dies von mir. – Kurzum, es wurde unter uns eine Opferwoche ausgerufen, in der jeder sich im Verborgenen lösen lassen sollte von dem, woran er hing.

Nach dieser Opferwoche besuchte ich die Grundstücksbesitzerin noch einmal und traute meinen

Ohren nicht, als ich die Worte von ihr hörte: ‚Des, was uffem Bodden ist, will isch gar net', – das hieß, das Grundstück wolle sie uns überlassen, ‚awer die Beem (Zwetschenbäume) – des fällt mer schwer.' So konnten wir einen Kaufvertrag abschließen mit der Klausel, daß die Grundstücksbesitzerin ‚was uf de Beem is' bekam, wir ihr also jährlich alle Zwetschen von diesem Grundstück schickten."

Gott hatte wahrlich ein Wunder getan, Er hatte nach Seinem Wort gehandelt und „die Art ausfahren lassen" durch Beten und Fasten. Wir durften erleben, daß des Gerechten Gebet, wie Er verheißen, dann viel vermag, wenn es ernstlich ist. Er hatte tatsächlich ihre Seele gelöst, so daß sie auf den Acker verzichtete, und noch dazu an unseres Herzens Erneuerung gedacht, die Ihm wichtiger war als die schnelle Erfüllung unserer Bitte. Darum hatte Er uns zuerst auf so viel Widerstand stoßen lassen.

DRUCKEREI AUS GLAUBEN

Wir haben als Marienschwestern ein fröhliches „Regel-Lied". Um es recht zu singen, muß man dabei reigen und der Glückseligkeit Ausdruck geben können, die darin liegt, unter dieser Regel zu leben, – nämlich „als die Armen und darum immerdar Beschenkten." In diesem Lied gibt es einen Vers:

„Die arm sind an Gaben
und sind nicht so gescheit,
bekommen Gottes Weisheit,
die Armen tun Ihm leid,
sie sind immerdar beschenkt!"

Das singen wir bisweilen Besuchern vor, die staunend durch unsere Druckerei gehen: einen „mittelgroßen Betrieb", wie man sie unter Fachleuten nennen würde. Wenn nun manche das vielfältige Maschinenkonzert hören, das der Heidelberger Zylinder, der Heidelberger Tiegel, die Rotaprintmaschine, die Schneide-, Falz- und Fadenheftmaschine von morgens bis abends zusammen veranstalten, meinen sie, das sei eine Leistung, und unsere Schwestern müßten fachlich bestens ausgebildet sein. Doch dem ist nicht so, sondern der ganze Betrieb beruht wirklich auf dem Geheimnis dieser Regel, denn Schwester Beate, die Leiterin unserer Druckerei, sowie alle ihre zwölf Mitschwestern hier haben keinerlei fachliche Vorbildung dafür.

Schwester Beate ist nur am Anfang einige Zeit in eine Darmstädter Druckerei gegangen, um sich nachmittags dort etwas zu informieren und einige wichtigste Handgriffe zu erlernen. Dann begann die Schule der großen Abhängigkeit und des Gebets, mußte doch aller Mangel an Kenntnis, Übung und Erfahrung durch Glauben und Gebet überwunden werden. Solche Abhängigkeit macht demütig, klein und treibt ins Gebet; und darum sind wir ganz froh, daß wir fast auf allen Gebieten – auch zum Beispiel in der Graphik, im Verlag, in den Ruferspielen – die „Ungelernten" sind. Dennoch ist der Verzicht auf fachliche Ausbildung kein Prinzip bei uns, sondern Führung.

Als die Nachschriften meiner Bibelkurse aus meiner Reisedienstzeit für die Muhammedanermission so vielfach angefordert wurden in den ersten Jahren unseres Bestehens, da galt es für uns den Glaubensschritt zu tun und die ersten dieser Schriften einer Druckerei in Auftrag zu geben. Das hieß zugleich glauben, daß der Vater einige tausend Mark geben würde. Als aber diese Hefte sehr schnell vergriffen waren und die Druckereikosten für uns unerschwinglich wurden, da fuhr es mir wie ein Funke ins Herz: Wir sollen um eine eigene Druckerei bitten und sie erglauben, denn dadurch wäre uns größere Möglichkeit für unseren Auftrag gegeben. So war dann unser dringendes Gebet mitten in der größten Geldnot unserer Bauzeit, daß Gott ein Menschenherz bewegen möchte, uns eine Druckmaschine zu schenken. Und der Vater hörte auf dies Gebet – eines Tages stand eine kleine, gebrauchte Rotaprintmaschine als Geschenk eines Ehepaars da, die natürlich nun auch sofort in Gebrauch genommen werden mußte, ohne erst auf eine „gelernte Schwester" warten zu können. Das Bewußtsein, daß der Herr so nahe und die Zeit so vorgerückt ist, ließ die Frage nach einer mehrjährigen Lehrzeit, wie sie vor allem für die späteren Maschinen eigentlich nötig war, gar nicht aufkommen; denn es ging jetzt um jeden Tag, die Zeit noch auszukaufen.

Doch was sollte die ungelernte Schwester, die nun vor der neuen Maschine stand, tun? Es gab nur einen Ausweg, zu Gott zu schreien. Es blieb nur der Weg des Gebets, denn Not lehrt beten. Dies erfuhr die Druckereischwester etwa bei den ersten Versuchen, in Gold zu drucken. Als sich große Schwierigkeiten dabei ergaben, da schickte der Herr auf ihr Seufzen und Beten hin einen unangemeldeten Gast am gleichen Tag in unser Haus, der von Beruf Drucker war und an einer ähnlichen Maschine arbeitete. Mit Freuden zeigte er ihr noch spät abends die richtigen Handgriffe.

Ja Gott, der ein eifersüchtiger Gott ist, möchte, daß wir von Ihm abhängig sind, mit Ihm alles gemeinsam tun, liebend an Ihn gebunden. Und Gott zeigte neu, wie gut wir fahren, wenn wir unsere Zuversicht auf Ihn setzen, Hilfe bei Ihm suchen und von Ihm erwarten. Nicht nur, daß Er unsere Druckereischwestern nicht enttäuschte, nein, Er erwies sich vielmehr durch Seinen Geist als der beste Lehrmeister, denn die gedruckten Erzeugnisse fielen so gut aus, daß der Reisende für diese Maschinenfabrik sie als Reklamestücke im Musterkoffer trug.

Doch bald wurde es so, daß die kleine Maschine den Druck der immer zahlreicher angeforderten Schriften nicht mehr schaffte. Im Glauben bestellten wir einen Heidelberger Tiegel und machten mit dem Vertreter ab: Jede Rate würde genau am fälligen Tage bezahlt. Freilich wußte niemand, woher das Geld kommen würde. Und so ging es mit allen weiteren Maschinen auch. Wenn sie ankamen, versammelten wir uns um solch eine viele Monate lang erbetene Maschine und sangen Lob- und Dank- aber auch Glaubenslieder, denn nun mußte weiter geglaubt werden, daß wirklich die Summen für die Ratenzahlung jedesmal da wären, und zugleich, daß die Schwestern die Bedienung dieser Maschinen bewältigten, die ja weit mehr technische Anforderungen stellten als die erste kleine Rotaprintmaschine. Doch Gott hatte zu diesem Weg Sein Amen gesprochen – und läßt uns bis zum heutigen Tage Wunder über Wunder erleben.

Immer wieder einmal geschah es, daß eine Maschine versagte und stillstand. So erzählt etwa Schwester Deborah, die meist den Heidelberger Zylinder bedient, daß einmal durch unsere Druckereiräume ein furchtbarer Schlag dröhnte und die große Maschine nicht mehr weiterging. „Wir wurden kreideweiß. Zwei Metallstege waren aus dem Rahmen gesprungen und ins Getriebe geschleudert worden. Das konnte nur einen solchen Schaden zur Folge haben, der eine Reparatur von Tausenden von Mark nach sich zog! Nun wird aber sonst in keiner Druckerei an unversicherten Maschinen gearbeitet. Passiert dort etwas, kommt die Versicherung dafür auf. Doch wir sind ja in allem unversichert. Es stellte sich heraus, daß die Stege in viele Stücke zerrissen waren, und wäre ein Splitter ins Zahnrad der laufenden Maschine gekommen, hätte sie ganz auseinandergesprengt werden können. Diese Katastrophe war an uns vorübergegangen.
Stundenlang suchten wir nun die Splitterchen zusammen. Durch die Schleudergewalt war an verschiedenen Maschinenteilen der Lack abgesprungen. Zitternden Herzens, flehend und betend zu unserem Vater, standen wir dann alle um den Zylinder. Schließlich wagten wir, die Maschine vorsichtig ein wenig in Gang zu setzen, um zu probieren – ob die Engel ...? Und sie lief tatsächlich an und gab die normalen, dumpf-

stampfenden Druckgeräusche von sich – kein Krachen folgte mehr, sie war ganz und gar heil. Sooft wir aber mit anderen Druckern ins Gespräch kommen und diese Geschichte erzählen, scheint es ihnen ganz und gar unglaublich, daß nicht ein mindestens über 1000 DM großer Schaden entstanden sei."

Das war der Herr, der das Flehen der Elenden erhört und derer, die sonst keinen Helfer haben. Und neu freuten wir uns unserer Armut und Abhängigkeit vom Vater, die uns in den vielen Notlagen im Gebet zu Ihm hintrieb und uns dadurch immer neu Seine Macht und Seine väterlich helfende Liebe erleben ließ. Ja, arm wären wir gewesen mit einem Reichtum an Ausbildung, Kenntnis, Gaben oder Geld. Dann hätten wir nicht die beglückende Vaterliebe und Fürsorge Gottes in unseren Arbeitsnöten erfahren und wären Seinem Herzen nicht so nah gekommen. Darum „selig, selig die Armen sind, sie sind des Vaters beschenkteste Kind!"

Ja, alles in unserer Druckerei sagt davon, daß hilflose Kinder auf ihr Bitten vom Vater geschenkt bekommen, was ihnen fehlen mag, und dabei im Kleinen Wunder Gottes erleben. So hängt über einer unserer Druckereimaschinen an einem Faden von der Decke herunter ein alter, schadhafter Rotaprintring, der seine besondere Bedeutung hat und Ausdruck dafür ist, daß wir es in den kleinen alltäglichen Dingen der Arbeit mit dem lebendigen Gott zu tun haben. Er, der große Gott, nimmt sich selber unserer kleinen Nöte an wie ein irdischer Vater des zerbrochenen Spielzeugs seiner Kinder. Das mag ein Trost für solche sein, die gleicherweise wie unsere Schwestern tagaus, tagein an den Maschinen stehen und vielleicht gar keine Verbindung zwischen dem Himmel und dieser mechanisierten Beschäftigung mehr erkennen können.

Zu diesem schadhaften Rotaprintring erzählt Schwester Beate: „Er machte einmal einen Strich durch unsere genaue Zeitkalkulation, als alles auf vollen Touren laufen mußte vor Weihnachten 1961. Damals mußte eine große Sendung noch rechtzeitig ins Heilige Land geschickt werden. Der Schaden passierte am Freitag. Jeder weiß: Am Sonnabend ist kein Monteur zu bekommen, und auch für den Freitag sind sie in den frühen Morgenstunden schon alle vergeben. Das bedeutet Ausfall von mindestens zwei vollen Arbeitstagen für uns. Der Anruf beim Frankfurter Chefmonteur bleibt ergebnislos: Natürlich sind für Freitag alle Monteure schon unterwegs. Keine Aussicht. Ich will einhängen – da – höre ich recht? fragt mich der Chefmonteur durch die Leitung: ‚Sagen Sie mal, haben Sie etwa wieder mal gebetet?' Ich bin erstaunt, daß er solch eine Frage stellt, und kann es nur bestätigen. Natürlich haben wir das, und wie! Er: ‚Denken Sie, eben kommt ein Monteur unprogrammäßig zurück,

um Ersatzteile zu holen, und sagt mir, er könne schon noch zu Ihnen rüberkommen, weil er früher fertig wird als geplant.'
Bei dieser kleinen Begebenheit hatte sogar die ‚weltliche Firma' vermuten müssen, daß Gebet dahintersteckte, und hat miterlebt, wie selig es ist, in Jesus Christus Kind des himmlischen Vaters sein zu dürfen, der die Bitten Seiner Kinder hört und ihnen bei einem Maschinenschaden hilft. Den Rotaprintring haben wir dann als Dankeszeichen aufgehängt."

GOTT ANTWORTET AUF UMKEHR

Und weiter berichtet die Druckereischwester: „Als der Heidelberger Zylinder auch einmal aus einem rätselhaften Grund nicht recht arbeitete, haben wir von Gott nicht nur Nachhilfestunden im Vertrauen bekommen, sondern noch auf einem anderen Punkt. Ich sagte meinen Mitschwestern: ‚Das kann nur an uns liegen, daran, daß irgend etwas innerlich nicht stimmt bei uns.' Anders war das einfach nicht zu erklären. Doch alle schwiegen daraufhin.

Inzwischen war Mittagspause, und um 1/2 2 Uhr fing die Maschine tadellos an zu laufen. Wenig später steht eine der Schwestern davor, sieht sie laufen, strahlt und fragt: ‚Seit wann?' Dann kommt es heraus: Seit gestern hatte zwischen ihr und einer anderen Schwester eine Spannung bestanden. Keine wollte nachgeben. Aber die stillstehende Maschine ließ sie nicht in Ruhe. Mittags nach Tisch hatten sie mit Mutter Martyria Lichtgemeinschaft, wobei sie alles herausgegeben, um Verzeihung gebeten und sich versöhnt hatten. Genau von diesem Augenblick an lief die Maschine wieder."

Gott hatte unserer ganzen Schwesternschaft damit eine Lektion darüber gegeben, daß Sein Wort: „Wenn du deine Gabe auf dem Altar opferst, so gehe zuvor hin und versöhne dich mit deinem Bruder" (Matth. 5, 23 u. 24), gültig ist und ein Gebet, bei dem wir gleichzeitig Gottes Gebot übertreten, keine Erhörung finden kann. Seitdem ist jedesmal, wenn wieder ein Maschinendefekt in der Druckerei auftritt, die erste Frage, wenn die Druckereischwestern beten und bevor erwogen wird, ob sie den Monteur anrufen: „Ist etwas unter uns – zwischen uns, was den Herrn betrübt?"

„HIMMLISCHE MATHEMATIK"

Neben dem großen Druckereiraum liegen die Verlagsräume. „Ich bin eigentlich recht froh", sagte einmal jemand zu uns, „daß Sie jetzt einen Verlag haben. Denn damit sind Sie auch gezwungen, in den Auseinandersetzungen zu stehen, in denen wir immer sind – nämlich Steuern und Werbung, Gewinnspannen ausrechnen und kalkulieren ... Nicht wahr, da kommen Sie doch um das ganz Natürliche, Geschäftliche auch nicht herum?" Gewiß, um die Mühe der Arbeit, um Kräftemangel, Stoßzeiten, manche Überstunden, um eine genaue Buchführung und anderes kommen wir nicht herum, und doch – auch der Verlag ist ganz auf Glaubensboden gestellt und muß Glaubenswege gehen. Seien es also nun neue Hefte oder ein Buch, Plakate oder Traktate, Prospekte oder Liedblätter, die wir herausgeben – immer ist unsere Hauptfrage die, ob ein Auftrag Gottes vorliegt, ob dadurch Menschen gesegnet werden sollen, – und nicht die Frage nach den Mitteln, die zur Verfügung stehen, oder nach der Rentabilität des Unternehmens. Das ist eine herrliche Rechnungsweise, unter der wir stehen dürfen, weil sie immer mit Gott rechnet. Sie schafft die Atmosphäre großer Sorglosigkeit, denn wir wissen: Druckerei und Verlag haben nur nach einem zu trachten, daß die Botschaft

Gottes viele erreiche, – daß sie Rufer seien und keine Ruhe geben, so viele Bücher und Schriften wie möglich herauszubringen, damit noch viele Menschen errettet und bereitet werden. Für die Gelder und auch die Arbeitskräfte wird dann der Herr selber sorgen, wenn wir nur eingehen in das Wagnis des Glaubens.

So wird alles Schrifttum – ausgenommen die Bestellungen der Buchhandlungen – ohne Forderung auf Gegenleistung abgegeben. Jedem ist es freigestellt, ob und wieviel er geben will. Zudem geht manches Schrifttum auch in Länder, wo keine Ausgleichsmöglichkeiten gegeben sind, Kleinschrifttum wird zu Tausenden traktatmäßig ausgestreut. Dazu stehen wir mit der ganzen Druck- und Verlagsarbeit so am Anfang, daß der Aufbau große Summen für das Herrichten der Räume, die Anschaffung der Maschinen und allen Materials fordert.

Kein Wunder, wenn dieser Betrieb ein Defizitunternehmen ist und sich nicht „rentiert". Doch das Seltsame ist, daß wir trotzdem nicht nur alle Rechnungen für Papier und Maschinen immer pünktlich bezahlen, sondern sogar ein Haus nach dem anderen bauen und das Land „Kanaan" erwerben konnten (siehe Seite 157).

Wie ist das möglich? Ein Mathematikprofessor in unserer Stadt, der voll Interesse diesen Weg mit seinen finanziellen Unmöglichkeiten verfolgt, nannte dies „höhere Mathematik", diesmal aber im Sinn von „himmlischer Mathematik". Hier herrschen Gesetze, die gerade umgekehrt sind wie die menschlichen Rechengesetze, bei denen alles um Gewinn geht. Doch bei der „himmlischen Mathematik" heißt es: „Gebt, so wird euch gegeben, und zwar ein volles, überfließendes Maß" (Luk. 6,38). Diese Gesetze der „himmlischen Mathematik" sind sicherer als menschliche Rechengesetze und ewig gültig. Das heißt also, wer den Weg des Hergebens wirklich so, wie Jesus es sagt, geht, der wird alles und reichlich haben. So kann die Verlagsarbeit in immer größerem Maß getan werden, und das notwendige Geld kommt nicht nach menschlichem Rechnen auf die natürliche Art und Weise zusammen, etwa durch gute Kalkulationen oder Bittbriefe, sondern auf übernatürliche Weise: durch das Rechnen mit Gott, der so königlich über alles Geld verfügt, daß Er sprechen kann: „Mein ist Silber und Gold!" (Hagg. 2,8).

GOTT SUCHT VERTRAUENDES GEBET

DER HELLBLAUE OMNIBUS

Schwester Benedikta berichtet: Arme, teils ungewaschene Kinder, weiße und einige farbige, drängeln sich um einen kleinen, leeren Ziegenstall. Von klein auf ist ihr Minderwertigkeitsgefühl schmerzlich entwickelt durch alle Not, unter der sie aufwachsen. Und in ihren traurigen Augen spiegelt sich alles wider, was sie Tag für Tag erleiden, ohne damit fertig zu werden.

In dem Ziegenstall haben jedesmal höchstens zehn Kinder Platz, und die andern johlen und stören draußen solange, bis sie auch drankommen mit einer Kinderstunde. Wir spüren: Ohne einen größeren Raum ist die Arbeit unter solchen Scharen von Kindern, die man angesichts der jeweils wenigen Häuser in den einzelnen Siedlungen nicht vermutet hätte, gar nicht mehr durchführbar. Woher einen Raum nehmen? Baracken bauen? Eines Tages malte ich an eine Tafel einen altmodisch wirkenden Omnibus mit hellblauer Kreide und machte mit den Kindern aus: „Jetzt bitten wir den himmlischen Vater so lange um diesen Omnibus, bis wir ihn haben. Und eher löschen wir die Zeichnung nicht wieder aus." Denn einen fahrbaren Raum für die Zusammenkünfte zu haben, um alle Armenviertel abwechselnd besuchen zu können, schien uns damals der einzige Ausweg. Viele Schwestern beteten seitdem um einen Omnibus.

Unter den Kindern entstand sofort eine gewisse Scheidung. Die meisten von ihnen wußten kaum, was Beten ist. Viele lernten kindlich das kleine „Gebet um den hellblauen Omnibus" auswendig, und die Mütter erzählten uns dann, wie sie es morgens und abends dem himmlischen Vater brachten. Die anderen, meist etwas größeren Kinder spotteten und wußten es besser, „daß der liebe Gott keine Autobusse vom Himmel fallen lasse".

So war es eine rechte Glaubensprobe für uns selber, ob und wie der Herr unsere Gebete erhören und diese Situation lösen würde. Zwar fragten wir bei einigen deutschen und amerikanischen Dienststellen an, ob nicht vielleicht ein ausrangierter Omnibus übrig wäre, aber das blieb ohne Erfolg, und die Tafelzeichnung war schon drei Wochen alt, ohne daß sich etwas ereignete. Dann aber geschah etwas, worüber wir am liebsten schreiben würden, das war „ganz der himmlische Vater!"

Es läutete bei uns ein Herr an und fragte, ob das wahr sei, daß wir einen Omnibus brauchten. Er könne uns einen anbieten, und wir sollten ihn doch besichtigen. Das war allerdings nichts Ungewöhnliches, denn es gibt wohl manche alte Omnibusse zu kaufen. Aber die Besichtigung ergab: Er war hellblau, genau wie der an der Tafel, auch so altmodisch, denn es war ein Opel-Blitz, Baujahr 1937. Und er war relativ billig, obgleich für uns teuer! Mutter Basilea aber sagte: „Auch, wenn er nur Schrottgeld kostet" – das waren damals mit Batterie 1200 DM –, „die ganze Sache ist eine solche Verantwortung, wenn ihr als Schwestern dann immer diesen großen Wagen führt, ganz abgesehen von den Ausgaben. Darum erbitten wir uns als Zeichen: Wenn bis zum Mittwoch außerordentliche Spenden eingehen, dann sei es uns das Ja Gottes, ihn zu nehmen; wenn aber nicht, dann soll es nicht sein." Dann würde der Herr einen anderen Weg haben.

Damals haben viele von uns dafür „Sturm gebetet". In den Tagen bis zum Mittwoch kamen plötzlich so große Spenden, wie wir es nicht erwarten konnten. Und vom Mittwoch ab blieben diese Eingänge aus. Das Zeichen war erfüllt. Gott hat wahr gemacht, daß Er uns um unseres „unverschämten Geilens willen" geben wird, wessen wir bedürfen. Wir holten ganz überwältigt den hellblauen Omnibus ab und fuhren damit in das erste unserer Stadtrandviertel, in denen wir Kinderstunden hielten, um ihn den Kindern vorzustellen. Viele waren so ergriffen, daß sie nicht wußten, wie ihnen geschah: „Schwester, kommt die Geschichte jetzt in die Bibel?"

Von dieser Zeit an begannen schon in den Kinderkreisen der Jüngsten kleine Gebetsgemeinschaften; denn nun hatten sie ja selber erlebt, wer der Vater im Himmel ist und daß Er ihr Vater sein will. Von da an waren all die kleinen Dinge, daß etwa die beschädigte Laute repariert werden könne, weil jemand dafür Geld gäbe, oder daß das Benzingeld hereinkomme und kein Unfall geschähe, Gegenstand ihres Gebetes geworden. Und Gott antwortete so, daß sie es als arme Kinder verstanden, wie Er ja auch auf die Farbe „hellblau" genau bei ihnen geachtet hatte.

11,80 METER

Der Omnibus „Jesu Bote", der hellblaue, vom Himmel selber geschenkte Omnibus war da. So stand er nun inmitten der Barackenviertel, und alle Kinder drängten sich, um gruppenweise hineinzukommen. Dabei war keine Konzentration möglich: Die drinnen waren, schauten hinaus, und die draußen waren, schauten hinein. So stand es fest: Der Omnibus braucht unbedingt Vorhänge!

Dazu erzählt eine „Jesu-Bote"-Schwester: Gern hätten wir rostbraune gehabt, denn das hätte den Raum etwas warm und schön gemacht. Und da der Vater im Himmel beim Omnibus selber ja auch genau auf die Farbe eingegangen war – warum sollte Er es jetzt nicht vielleicht wieder tun? Wir beteten um rostbraune Vorhänge und die Kinder mit uns. Unsere Scheiben maßen in der Länge 11,80 Meter insgesamt – doch Stoff kaufen konnten wir nicht dafür.

Dann kam der Heilige Abend – und ein Paket mit rostbraunem Vorhangstoff von einem großen Geschäft, das uns bis dahin noch nie beschenkt hatte. Es war ganz richtiger rostbrauner Vorhangstoff. Überglücklich drückte ich das Paket an mich. Aber die Mitschwestern sagten: „Der ist für den Omnibus zu schade. Wir haben schon so lange um Vorhangstoff gebetet." „Und wir

um rostbraunen", antworteten wir „Jesu-Bote"-Schwestern.
Schließlich machten wir folgendes Abkommen: Wir messen nach! Sind es 11,80 Meter, dann gehört der Stoff „Jesu Bote", dem Omnibus, weil das ja unser Maß war – ist es mehr oder weniger, dann gehört er den Nähstubenschwestern, denn sie hatten die Fenster noch nicht ausgemessen, für die sie Vorhänge brauchten. Mit Spannung wurde der Zollstock geholt und der Stoffballen abgemessen. Wir „Jesu-Bote"-Schwestern schienen schon zu „verlieren" – doch nein – siehe: Es waren genau 11,80 Meter.
Ob der Vater im Himmel, der besonders auf die Armen und Kleinen acht hat – so daß Er in Seinem Wort einmal ein Wehe spricht über den, der diese Kleinen, die Kinder, ärgert –, sie in Seiner Liebe nicht enttäuschen wollte und konnte und darum uns die Vorhänge zusprach? Die Kinder und auch wir faßten staunend, daß der große Gott sich um jeden Zentimeter des Vorhangstoffes kümmerte, der so wichtig für den Dienst in „Jesu-Bote" war. Die Antwort auf diese Gebetserhörung war, daß der Vater auch uns Erwachsene zu Kindern machte, die Ihm in ihren kleinsten Sorgen restlos vertrauen und Ihn innig lieben lernten.

VON ENGELN UMGEBEN

Und Schwester Sarah, eine unserer späteren „Jesu-Bote"-Schwestern, erzählt: In einem unserer Randviertel kam oft das Überfallkommando, um die Schlägereien, Überfälle und dergleichen wieder zu schlichten oder zu bestrafen. Auch wir sollten nicht verschont bleiben von den „Halbstarken". Sogar Männer beteiligten sich daran, uns zu ängsten durch Feuer oder daß man Luft aus den Rädern ließ, den Wagen zu kippen versuchte und vieles mehr. Darum fuhren wir schon gar nicht fort zu unseren „Jesu-Bote"-Stunden, ohne vorher das ganze Mutterhaus zum Gebet aufgerufen zu haben.

An einem Tag, an dem wir vor der Abfahrt besonders um Fürbitte baten, hatten die Störenfriede wieder solch einen Angriff auf uns geplant, wie sich bald herausstellte. Ein Junge, der beim Erzählen im Omnibus nicht stillzukriegen war, holte seine anderen Abenteurer herbei. Eine Schar von zehn Männern kam an, Burschen, die bekannt dafür waren, Überfälle und Schlägereien zu verüben. Doch sie hielten sich alle in einer gewissen Entfernung von unserem Omnibus auf, und es geschah nichts. Wie von einer Macht gehalten, kehrten sie an diesem Abend alle wieder um.

Nach Hause zurückgekehrt, dankten wir bewegten Herzens unseren Schwestern für den Gebetseinsatz. Wir hatten erlebt: Macht liegt im Gebet. Es verändert Herzen und Dinge. Mit neuem Mut fuhren wir das nächste Mal mit „Jesu-Bote" in die Stadtrandviertel in der Gewißheit: Wir sind diesen geplanten Überfällen nicht ausgeliefert – eine Gebetsmacht ist stärker als die Mächte der Finsternis und macht ihre Anschläge zunichte, denn Jesus ist Sieger. Und tatsächlich, als wir hinkamen, ging der Anführer auf mich zu und fragte ganz still: „Schwester, warum kommen Sie eigentlich immer zu uns? Wir könnten Sie doch einmal überfallen." Er hatte schon so viele Überfälle gemacht, daß er mehrmals deswegen im Gefängnis war. Er sagte aber, ehe eine von uns antwortete, ganz nachdenklich dazu: „Ihnen kann man ja nichts tun, gell, bei Ihnen ist der Gott?"

JESUS HEUTE - AM SEE GENEZARETH

An nüchternen Kassenberichten unseres Büros ist festzustellen, daß Monate oder ein ganzes Jahr lang das Geld so spärlich wie ein Rinnsal floß und wir in größten Nöten waren wegen der ausstehenden Beträge für die fälligen Rechnungen, dann auf einmal eine Wende kam und wir ohne größere Schwierigkeiten allen Verpflichtungen nachkommen konnten. Diese Wende konnte nur von der himmlischen Regie ausgelöst sein. Und das hing damals zusammen mit einem besonderen Erleben auf dem See Genezareth im März 1958.

In Erinnerung an diese Zeit sitzt uns die große Not der noch ausstehenden Rechnungen bis heute in den Gliedern. 17000 DM fehlten gegen Ende des Monats noch immer. Wir standen vor Abschluß des Baues vom Kanaan-Rüstzeitenhaus „Jesu Freude". Wenn wir abends bei Tisch hörten, wie gering die Geldeingänge heute waren, schnürte es uns fast die Kehle zu, und ein Alp lag auf uns, der uns oft lähmen wollte. Die Formulierungen von damals während unseres Gebets- und Glaubensringens an vielen Abenden sind uns heute noch im Ohr. Wir hielten dem Herrn immer vor: Er, der zehn Jahre und zehn Monate uns nie enttäuscht hatte und jedesmal das Geld zur rechten Stunde hatte kommen

lassen, könne doch nun im elften Monat des elften Jahres unseres Bestehens als Marienschwesternschaft nicht Seinen Namen so vor den Menschen beschatten lassen dadurch, daß wir auf einmal die fälligen Rechnungen nicht bezahlen könnten. Tag für Tag und vielfach die Nacht hindurch lagen wir dem Vater damit in den Ohren – und mit der Bitte, Er möchte doch aufdecken, was Ihn unter uns hindere, des Himmels Fenster aufzutun und Seinen Geldsegen herabzuschütten.
Gerade in dieser Zeit mußte ich zum Vortragsdienst nach Israel reisen und trug diese Sorge während der ganzen Zeit in meinem Herzen. Am 23. März bekam ich einen Brief, daß sich hinsichtlich unserer Geldlage immer noch nichts gelöst habe. Doch ich wußte: Der Herr wird sich erbarmen, Er ist unser Vater und Erbarmer. Je dunkler die Glaubenswege, desto herrlicher das Ziel, die Frucht, und darum lohnt's. Das schrieb ich auch ins Mutterhaus zurück.
An jenem Abend weilte ich am See Genezareth und war mit dem Boot ein wenig vom Land gefahren, gerade an der Stelle, an der mit ziemlicher Gewißheit die fischenden Jünger den auferstandenen Herrn am Ufer sahen (Joh. 21). Da konnte ich gar nicht anders, als meinen inneren Blick auf das zu heften, was damals hier geschah, wie den Jüngern, die traurig nach erfolgloser Nacht im Fischfang auf dem See fuhren und nichts zu

essen hatten, in dieser Not der Herr erschien, nicht nur mit tröstenden Worten, die im Glauben zu nehmen gewesen wären, sondern mit Seiner wundertätigen Hilfe. Er bereitete ihnen nicht nur eine einzige Mahlzeit, sondern einen überreichen Fischfang. Darum bat ich den Herrn, Er möchte mich doch jetzt so fragen, wie Er damals hier die Jünger fürsorgend gefragt hatte: „Kindlein, habt ihr auch zu essen?" Denn jetzt seien wir doch Seine Jünger und gelte uns Seine Fürsorge. Wir aber hätten Mangel und könnten, wenn wir jetzt gefragt würden, ob wir je Mangel gehabt hätten, nicht sagen: „Nein, niemals", wenn unser Herr Jesus jetzt nicht eingreifen würde.

Konnte derselbe Jesus heute anders handeln als damals? Das war unmöglich um der Ehre Seines Namens willen, denn wie sollten wir auf Fragen der Menschen, ob wir auf unserem Glaubensweg betreffs der Gelder für unseren Dienst je Mangel gehabt hätten, antworten: „Ja, öfters oder manchmal hatten wir Mangel"? Und so hielt ich Jesus am Ort, an dem Er die Not Seiner Jünger so wunderbar gewandt hatte, vor, daß Er heute derselbe sei, der den Glauben der Seinen nie enttäuscht und zu Seinem Wort steht: „Was ihr bitten werdet in meinem Namen, das will ich tun" (Joh. 14,14), und zwar jetzt in dieser Stunde, weil unser Mangel und unsere Not aufs Höchste gestiegen waren.

Zu Hause wußten die Schwestern ja nichts von dieser Stunde am See Genezareth; doch als ich bald darauf heimkam, erzählten sie mir voll größter Freude, daß vom nächsten Tag an auf einmal die großen fehlenden Summen für die fälligen Rechnungen bis zum Monatsende zusammenkamen. Und es konnten nicht nur das Kanaan-Rüstzeitenhaus „Jesu Freude" abbezahlt werden, sondern am Ende des nächsten Jahres, während das noch lief, schon die Jesu-Ruf-Kapelle begonnen und zugleich immer weiter die erworbenen Äcker bezahlt werden. Gott hatte das Gebet auf dem See Genezareth erhört – uns nicht enttäuscht, weil Er das nicht kann.

KLEINE „GURKENGLAUBENSPROBE" UND ANDERE

Schwester Eulalia war Gästeschwester in unserem ersten gemieteten, kleinen Gästehaus und erzählt aus dieser Zeit, daß an einem Sonnabendnachmittag eine junge Dame im Gästehaus anreiste: „Ich setzte mich zu ihr an den Kaffeetisch und berichtete von dem wunderbaren Erleben in all unseren Baunöten, wie Gott Gebete erhört und Unmögliches möglich macht. Später kam sie mit in die Küche, um mir beim Richten des Abendbrotes zu helfen. Sie fragte: ‚Was kochen wir denn?' Spontan öffnete sie den Speiseschrank, griff – impulsiv, wie sie war – nach der einzigen Gurke, die für Salat am Sonntag zurückgelegt war, und fing auch schon an, sie kleinzuschneiden.

Ich mußte an mich halten, um nichts zu sagen. Unsere Hauskasse war leer, auch die Kasse unserer Marienschwesternschaft durch die Bauausgaben Tag für Tag in Anspruch genommen, so daß es täglich wie ein Wunder war, wenn der Tisch wieder gedeckt sein konnte. Zu meiner großen Freude hatte ich für den Sonntagmittagstisch diese eine große Gurke liegen – für jene Zeit etwas Besonderes. Welch ein Schrecken, daß sie nun vor meinen Augen verarbeitet und ein Teil der Sonntagsmahlzeit hinfällig wurde. Was

sollte ich nun morgen für die Gäste auf den Tisch bringen? Ich dachte daran, was ich eben zuvor dem Gast alles vom Vertrauen auf die Vatergüte und Seiner wunderbaren Hilfe, auch heute, erzählt hatte, und unternahm darum nichts, die Gurke noch zu retten.
Meine Mitschwester im Gästehaus und ich beteten nun, der Vater möchte darein sehen und sich auch einer so kleinen Verlegenheit annehmen. Hat Er nicht in Kana auch eine Festmahlverlegenheit zum Anlaß Seines ersten Wunders gemacht?
Am Sonntag, als wir uns eben zum Kirchgang anschickten und aus dem Haus gingen mit zagendem Herzen, was nachher auf dem Mittagstisch stehen sollte, radelte ein Junge heran, schwenkte ein Spankörbchen in der Hand mit frischen Bohnen aus dem Garten seiner Mutter – und alles war gut."
Ähnlich erlebten wir es im Mutterhaus:
Am Vorabend eines großen Festes, zu dem wir viele Gäste geladen und die Küchenschwestern für 180 Gäste belegte Brote zu richten hatten, fehlte immer noch der nötige Käse als Brotbelag. Geld, um ihn zu kaufen, war nicht da, und außerdem war es das „Vaterdankfest", an dem wir gerade zum Zeugnis der Vatergüte unsere Gäste mit aus des Vaters Händen geschenkten Gaben bewirten wollten. Die Küchenschwestern hatten alle Schwestern den ganzen Tag miteingespannt,

immer wieder Stoßseufzer um den fehlenden Käse gen Himmel zu schicken. Es wurde spät abends, und die Verlegenheit war groß. Da reiste zu später Stunde noch ein dänischer Gast an und brachte einen großen dänischen Käse mit, bester Art.

Und als eine Schwester während einer schweren Krankheitszeit auf gar nichts Appetit hatte, die Küchenschwester aber doch kein Geld ausgeben konnte, wandte diese sich an den himmlischen Vater – und Er schickte noch am gleichen Abend frische Tomaten, zu einer Zeit, als es sonst keine gab, und von anderer Seite appetitanregende Fischlein.

„Euer Vater weiß, wessen ihr bedürft." Beglükkend klang jedesmal dieses „euer Vater" in unseren Herzen. Und diese Erlebnisse machten uns neuen Mut, unseren Weg, auf dem wir täglich vor Nöten im Blick auf unsere Versorgung standen und dabei allein aufs Beten und Glauben angewiesen waren, weiterzugehen. Ja, nach solchen Erfahrungen erfaßte uns eine große Freude, diesen Weg zu gehen, auf dem wir so das persönliche Sorgen und Lieben des Vaters erlebten. Und wenn draußen die Vögel zwitscherten, klang's in unseren Herzen: „Seid ihr nicht viel mehr denn sie!" Das schien uns die Vogelpredigt nach solchen Erlebnissen zu sein. Wahrlich, viel mehr Gutes als ihnen tat Gott uns, die wir den Vögeln voraus haben: Wir dürfen beten und glauben.

Und so gingen wir diesen Weg, wie die Vögel unter dem Himmel allein aus des Vaters Hand, von Seinem persönlichen Lieben und Sorgen lebend, als Seine beglückten Kinder fröhlich weiter.

SORGET NICHT!

Schwester Anita, unsere Hausschwester, hat ein verantwortliches Amt, muß Zahnpasta, Seife und alles ausgeben, was wir an kleinen Dingen brauchen, da wir kein Taschengeld haben. Und sie selbst kann diese Dinge wiederum nicht kaufen. Denn als zum ersten Mal die Hausschwester zu mir kam und sagte: „Wir haben keine Zahnpasta mehr, wir müssen kaufen," antwortete ich ihr: „Hast du darum gebetet? Solche Dinge kaufen wir nicht. Wenn wir alle darum beten, wirst du erleben: Auch dies alles wird uns zufallen." Kurze Zeit darnach stand abends in unserem Eßsaal eine große Schachtel mit lauter Zahnpasta-Tuben, wie lauter Grenadiere nebeneinander, gerade so viel, wie eine Schwesternschaft braucht. Ein Friseur hatte sie uns geschickt. Er hatte Schriften bekommen und wollte sich nun dankbar erweisen. Und sie kamen just zu der Stunde, wo keine einzige Zahnpasta-Tube mehr im Hause war.
Das ist aber nur eines von tausend solcher Erlebnisse, denn bis auf den heutigen Tag, nun 15 Jahre hindurch, haben wir keine Zahnpasta, Seife, Schuhputzmittel, Schuhe, Strümpfe, Wäsche, Handtücher, Taschentücher und dergleichen gekauft. Doch wenn einer bei unserem Abendessen zu Gast ist, kann er zu seiner Verwunderung

inmitten des Eßsaals einen Aufbau von bunt durcheinandergewürfelten Dingen dieser Art sehen. Allerdings hat der Aufbau jeden Tag ein anderes Gesicht: Einmal steht unter Seife, Schuhen, Bettzeug eine Heugabel – ein andermal neben Nähgarn und Schnürsenkeln eine Schreibmaschine. Und je nachdem, was da am Abend zu sehen ist, kann man aus dieser oder jener Ecke des Eßsaals einen kleinen Freudenschrei hören, weil eine Schwester das von ihr just Erbetene gerade entdeckt hat und darum nachher mit allen Schwestern in das: „Vater, wir danken Dir! – Vater nun segne sie!" mit vollstem Herzen einstimmt.

So ist uns all dies, „wessen wir bedürfen", nach Gottes Wort: „Trachtet am ersten ... so wird euch solches alles zufallen" wirklich immerdar aus Seinen Vaterhänden zugefallen und meist gerade zu der Stunde, als um den bestimmten Artikel, weil er nötig gebraucht wurde, viel gebetet worden war. Wir erlebten, daß der Vater Jesu Wort: „Wieviel mehr wird der himmlische Vater Gutes tun denen, die ihn bitten" (Luk. 11,13), wahr machte. Er hat uns auf unser Bitten hin Gutes getan, unzählig viel Gutes, weil die Zusage Seines Wortes, daß Er als Vater hilft, nicht vergeht, sondern bis heute gilt.

VATERGÜTE IN KÜCHE UND HAUS

Ob der große Gott nicht zu groß sei, um Ihn ständig für die Bedürfnisse einer Küche einzuspannen? – Ob es nicht ein Gottversuchen sei, so zu leben – ein Experiment mit dem Heiligen selber? werden wir öfters gefragt. Um große Wunder – vorausgesetzt, daß Gefahr und Not vorliegen, dürfe man Ihn sicher bitten – aber um Kümmel und um Salz?

An jedem Morgen beginnt jedes Arbeitsgebiet – das heißt bei uns jede „Kleinfamilie" – mit kurzer Gebetsgemeinschaft das Tagewerk. Jede Schwester darf im Gebet vorbringen, was in dem Arbeitsgebiet fehlt oder an Schwierigkeiten zu bewältigen ist. Eine der jungen Schwestern in der Küche betete Tag für Tag um die gänzlich fehlenden Gewürze. Schwester Adelheid als leitende Küchenschwester fand es etwas zu viel, dem lieben Gott außer den Bitten um die nötigen Nahrungsmittel auch noch mit nicht notwendigen Bitten wie um Gewürze zu kommen; aber sie sagte nichts. Doch der himmlische Vater sagte ihr dafür etwas. Denn eines Abends kam ein ganzes Paket voll lauter kleinen Tüten mit Gewürzen von jemand, der sich dazu gedrängt gefühlt hatte, uns gerade dies zu schicken. Seitdem sind Gewürze nie mehr ganz ausgegangen.

In der Kleinfamilie der Waschküche war der Eimer mit „Rei" leer geworden – und doch mußten Wollkleider und Jacken gewaschen werden. Schwester Barbara ließ aber die Wäsche noch liegen und betete inständig, daß der Vater uns doch die Waschmittel dafür schenken möchte. In diesen Tagen begann in unserem Haus „Jesu Freude" gerade wieder eine Rüstzeit, und einer der Gäste ging vor seiner Abfahrt dorthin noch einmal durch seinen Betrieb und überlegte, ob er uns etwas mitbringen könne. Dabei fiel sein Auge immer auf einen Eimer „Rei", so daß er ihn schließlich einpackte und mitnahm. Er war sich aber recht unsicher, ob Gott ihn darin gelenkt habe und ob nicht andere Sachen viel nötiger für uns gewesen seien. Auch kam ihm dies Geschenk ein wenig absonderlich vor. Als der Gast es uns übergab, waren wir überwältigt, wie Gott auf unsere Gebete in dieser Verlegenheit gehört hatte.
Gott hatte gezeigt, daß Sein Name „Vater" nicht Schall und Rauch ist, sondern Sein Name Sein Wesen zeigt, das Vatergüte und Fürsorge ausmacht. Beobachten wir etwa einen Direktor am Schreibtisch: Unterschriften, Anweisungen, Diktate, Telefonate, seine Umsicht und Menschenführung überzeugen uns von seiner Intelligenz und seinem Können. Geht aber die Türe auf und sein Bübchen kommt zu ihm, weil es einen Kummer oder weil es Hunger hat, und er widmet

sich zwischen allen Geschäften diesem Kind – dann sind wir überzeugt von seiner Größe, die in der Liebe besteht. Gottes Bild jedoch wäre ganz unwirklich, wenn wir Ihn nur sehen wollten als Schöpfer und Regenten der Welt. „Gott ist Liebe", Er ist der Vater, der von Seinen Kindern um das Kleinste gebeten sein will, ja Er ist vor allem und über alles Liebe.

5 : 2 = 300

Die Kleinfamilie vom Büro braucht unendlich viele Ordner, weil für sie eine gewissenhafte Ordnung und Ablage vor allem wichtig ist. Doch Ordner sind stets auch eines der dringendsten Bedürfnisse aller anderen Arbeitsgebiete gewesen, und das Begehren darnach war immer unstillbar bei den kleinen Mengen, die davon bisweilen geschenkt wurden. Sowohl das Büro des „Jesu-Freude"-Hauses wie das des Mutterhauses hatten es schon durch viele Wochen in ihrem Morgengebet dem himmlischen Vater gesagt – kein Wunder, daß eines Tages, als fünf Ordner von einer Firma an der Pforte abgegeben wurden und die Pfortenschwester sich telefonisch erkundigte, ob sie das Büro etwa bestellt habe, eine der Büroschwestern beglückt rief: „Ja, schon lange!" Darüber wunderte sich die Pfortenschwester etwas, da wir doch solche Dinge nie zu kaufen pflegen. Jedoch bezog sich dieses: „Ja, schon lange!" nur auf die Bestellung beim himmlischen Vater. Und um die handelte es sich auch, wie sich bald herausstellte. Denn es erfolgte keine Rechnung auf jene Lieferung, und es bestätigte sich, daß dahinter ein unbekannter, freundlicher Geber stand, vom Vater im Himmel beauftragt.

Doch auch erbetene Dinge soll man nicht immer nur für sich selbst behalten – so überwand sich Schwester Mechthild, die leitende Büroschwester, die fünf Ordner redlich mit den Schwestern von „Jesu Freude" zu teilen – und zwar zu ihren eigenen Ungunsten: 2:3. Dabei betete sie weiter um die noch fehlenden Ordner im festen Glauben, daß der Vater sie gewiß noch gebe. Wenige Tage später standen abends im Speisesaal statt der hergegebenen drei Ordner als Gabentisch für das Büro zwei große Wellpappkartons mit insgesamt 300 Ordnern in allen Stärken, Größen und Formaten wie eine Antwort dessen, der sich nichts schenken läßt. Erst viel später erfuhren wir, es sei einer Firma passiert, daß ihre versandten Ordner von einem Adressaten zurückgeschickt worden waren. Und weil sie nun so verpackt im Lager herumstanden, klebte man eines Tages unsere Adresse darauf, „da wir doch alles brauchen könnten". Und die 300 Ordner waren gerade in diesen Tagen eingetroffen, damit wir erfaßten, daß beim himmlischen Vater die Gebete unter der Verheißung der Erhörung stehen, die mit Opfern unterbaut sind – und wenn es nur so kleine wären.

WIE DER HIMMLISCHE VATER MÖBLIERT

Der große Neubau des Kanaan-Rüstzeitenhauses „Jesu Freude" ging seiner Vollendung entgegen, und weit und breit war noch nichts von seiner Einrichtung zu sehen. Denn Mutter Martyria und mir war es auch angesichts dieser fast 60 Räume mit den großen Speisesälen, Hallen und der Hauskapelle klar, daß es galt, dem Grundsatz treu zu bleiben: „Mobiliar wird bei uns nicht gekauft." Es wird immer dem himmlischen Vater überlassen, was Er in die Häuser hineinstellt, die für Seinen Dienst zu bauen Er uns auftrug.

Schon ins Mutterhaus waren wir lediglich mit Strohsäcken, Matratzen, Pappschachteln, Rucksäcken und dem Mobiliar für vielleicht ein bis zwei Zimmer eingezogen, obwohl ca. 35 bis 40 Räume außer den Sälen uns erwarteten. Damals hatte der himmlische Vater Menschen bewegt, ohne daß sie von der Zeit unseres Umzuges wissen konnten, gerade zu unserem Einzug uns gebrauchte Möbelstücke anzubieten oder sie gleich anfahren zu lassen. Und es war kaum zu begreifen, mit welcher Schnelligkeit die letzte unter uns ihren Strohsack oder eine Matratze auf eine richtige Bettstelle legen konnte.

Bei Fertigstellung des zweiten Hauses war es uns nicht anders ergangen, wir räumten alle „gästemöglichen" Möbelstücke aus unseren Zimmern, richteten 15 Gästezimmer ein, fingen selber wieder mit Lagerstätten auf dem Boden an – und binnen 14 Tagen hatte der Himmel, ohne eine Bekanntmachung unsererseits, alles Fehlende schon wieder ersetzt. Es scheint uns manchmal sogar eine Kunst zu sein, bei einem solchen Vater, der immerfort wohltut, noch irgendwie äußerlich „arm" bleiben zu können. Aber das heilsame Wachstum, welches zum ständigen Weiterbau zwingt, sorgt doch dafür. *

Nachdem nun die 15 kleinen Gästezimmer umgezogen waren in das neuerbaute Haus mit seinen 50 Einzelzimmern, geräumigen Sälen und Hallen, läßt sich das Defizit im Mobiliar leicht errechnen. Damals sagte ich meinen Töchtern fröhlich: „Ich bin sehr gespannt, ob der Vater im Himmel uns im Juni Einweihung feiern lassen kann, ohne daß alle Zimmer vollkommen eingerichtet sind? Ich glaube, das kann Er nicht übers Herz bringen. Doch alles muß erbeten sein."

So standen wir nun alle nicht nur in der Spannung, wie der Vater im Himmel in dieser Verlegenheit helfen würde, sondern in viel Gebetseinsatz. Allmählich füllten sich durch Möbelsen-

* Siehe auch „Immer ist Gott größer" – Geschichte und Sendung der Marienschwesternschaft von M. Basilea Schlink, im gleichen Verlag erschienen.

dungen, die von überall her eintrafen – wiederum ohne unsere Bekanntgabe – die Zimmer. Am letzten Tag vor dem Einweihungstermin kam die letzte Bettstelle an. Wer kann sagen, mit welcher Freude und welchem Dank jede lang erbetene, geschenkte Bettstelle, jedes Tischchen, jeder Stuhl in Empfang genommen wurde! Von Gott Erbetenes bringt besondere Freude mit sich – ist es doch ein Gruß des liebenden Vaters und sagt uns, wie Er an uns denkt, auf unsere Nöte achtet und auf unsere Bitten eingeht. Darum war es unsere Freude, daß wir auch bei der Einrichtung vom Haus „Jesu Freude" nicht hingehen konnten und einkaufen, sondern alles auf dem Weg des Gebets erwarten mußten.

Nun ist das ganze Haus ein Zeugnis der Vatergüte geworden, Raum für Raum eingerichtet mit lauter zusammengeschenkter Liebe, zu der Gott selbst die Herzen bereitgemacht hatte. Kein Stil irgendeiner Zeit schien uns bis zum heutigen Tag diesen „Stil der Gottesliebe" mit seiner Wärme und Schönheit auch nur annähernd zu erreichen.

DAS ERBE BEI LEBZEITEN

Wie sollen wir die Küche für das „Jesu-Freude"-Haus einrichten? Mit Gas? Elektrisch? Was ist denn schon dafür vorhanden? – so besprachen wir an einem Abend. Doch besaßen wir nichts als nur einen kleinen Gasherd, womit ein so großes Gästehaus nicht zu bewirtschaften gewesen wäre. Die Handwerker drängten, wir müßten uns nun festlegen, – aber wir sahen keinen Weg. Die Besprechung anhand der Kataloge endete damit, daß alle Kücheneinrichtungen unerschwinglich teuer waren. Da sangen wir den ganzen Abend nach der Besprechung Glaubensverse und bestürmten den Himmel mit unseren Bitten um eine Kücheneinrichtung.

Wenige Tage später fragte ein Pfarrehepaar an, ob wir schon eine Kücheneinrichtung hätten. Es sei ihnen so aufs Herz gelegt, und sie würden sich gern dafür einsetzen. Wir frohlockten: Gott ist lauter Güte, Er hat sich unserer Not erbarmt und unser Gebet erhört. Die Wege des Pfarrehepaars lohnten sich, denn sie fanden eine Firma, die uns tatsächlich eine Einrichtung für den halben Preis überlassen wollte. Doch für den, der nichts hat, ist ein „halber Preis" im Grunde keine Erleichterung, und so wurde dieser Bescheid mit verhältnismäßig gedämpfter Freude aufgenommen.

Wie gern hätten uns die Pfarrersleute alles geschenkt! So überdachten sie alle ihre Möglichkeiten und hatten nur eine: Von einer einzigen Seite konnten sie ein Erbe erwarten. Wenn Gott nun diesen Menschen plötzlich bewegen würde, ihnen bei seinen Lebzeiten das Geld zu überschreiben, dann könnten sie uns helfen. Sie vereinigten sich darum im Gebet, der Vater möchte dies Wunder tun und jenen Menschen von selber auf den ungewöhnlichen Einfall bringen, denn eine Anfrage war ja nicht möglich.
Und genau das geschah. Von diesem Geld kauften sie unsere Kücheneinrichtung, die uns seitdem eine lebendige Predigt wurde, wie der Herr viele Weisen hat, Seinen Kindern wohlzutun, und immer neue und andere Wege einschlägt, die sich unsere Vernunft wohl nie ausdenken könnte, auf unsere Bitten hin die Hilfe zu schikken. Wer von uns wäre auf den Gedanken gekommen, als wir traurig vor der Tatsache standen, daß durch die Bemühung des Pfarrehepaares nur die Hälfte der Kosten für die Kücheneinrichtung gedeckt würde, daß Gott ein Erbe bei Lebzeiten dazu benutzen könnte, das fehlende Geld herbeizubringen! Schon bei Menschen wird gesagt: „Liebe ist erfinderisch." Doch ganz anders, ja, wie aus einem tiefen, nie versiegenden Brunnen, quellen ständig neue Gedanken aus dem Vaterherzen Gottes hervor, das Rat und Hilfe weiß für Seine Kinder, die Ihn in

ihrer Notlage bitten – das hatten wir hier wieder erfahren. So war in unseren Herzen von Jahr zu Jahr ein immer spannenderes Erwarten, durch welchen Weg wohl der Vater diesmal unsere Not wenden würde.

VERSORGUNG ALLEIN AUS VATERHÄNDEN

Angenommen, wir müßten für unsere Mutterhaus-Küche eine Köchin suchen, so würde unser Inserat ungefähr so lauten müssen:
„Es wird eine Kraft gesucht, der allerdings kein Wirtschaftsgeld zur Verfügung steht, dafür aber die Gebetsunterstützung aller Schwestern. Sie muß bereit sein, den Küchenzettel oft nur halbtägig im voraus zu machen, da sie nie wissen kann, was an Lebensmitteln vielleicht in den nächsten Stunden geschenkt wird, und über keine Vorräte verfügt. Sie hat also für eine etwa 80-köpfige Familie zu kochen im Vertrauen auf den himmlischen Vater, der, wenn man Ihn um Brot bittet, keinen Stein bietet."
Es ließe sich denken, daß diese Annonce ohne Meldeandrang bliebe. Unsere Küchenschwestern aber, die diesen Weg nun schon durch Jahre hindurch gehen, wissen etwas von seiner verborgenen Glückseligkeit. Sie können berichten, wieviel Gebetsumgang und Gebetserhörung ihnen dadurch geworden ist, und wir alle haben ein Hohes Lied auf die Vatergüte zu singen, täglich neu!
Zu dieser Lebensweise kam es dadurch, daß Gott einmal bei schwerster Kassenlage – 5000 DM standen kurz vor Monatsende noch zu bezahlen aus – in letzter Minute wunderbarerweise nicht

nur diese fällige Summe, sondern noch das Geld für eine lang erbetene, sehr notwendige Gartenmaschine schenkte. * Da erfaßte mich ein großes Verlangen, in noch größere Abhängigkeit vom Vater im Himmel einzugehen, noch ärmer zu werden, um Ihm noch mehr Möglichkeiten zu lassen, sich zu verherrlichen. Ja, weil so viele von Gott als dem Vater gar nichts mehr erwarten und weil durch unsere Zeit wie vielleicht noch nie durch eine vorige ein Zug geht nach Selbständigkeit, Materialismus und Gottlosigkeit, drängte es mich, in ganzer kindlicher Abhängigkeit von Ihm zu leben und somit noch ganz anders – obgleich das ja schon immer unser Weg war – wie die „Vögel unter dem Himmel zu sein," von denen es heißt: „und euer himmlischer Vater nährt sie doch!" So war mir klar, daß wir künftig möglichst kein Geld mehr für unsere Ernährung ausgeben, sondern zur Bereitung der täglichen Mahlzeiten das nehmen sollten, was uns neben unserer eigenen Ernte an Lebensmitteln dafür geschenkt wird.

Auf vielen Gebieten hatten wir schon im Lauf der Jahre erlebt, daß Gott mit Wohltaten überschüttet, wo wir auf Ihn harren und von Ihm alles erwarten. Doch wir sollten die Fülle der Wohltaten erleben, das hieß aber, nun auf noch

* Ausführlich darüber in „Immer ist Gott größer" – Geschichte und Sendung der Marienschwesternschaft

mehr Gebieten unsere Zuversicht auf Ihn zu setzen und in die Abhängigkeit vom Vater einzugehen. Und darum begannen wir diesen Weg, uns von Ihm allein „den Tisch decken zu lassen", um Seine Ehre großzumachen.
Aus der Erfahrung Seiner vielen Wohltaten, wie wir sie dabei jetzt über sieben Jahre erlebten, da der Vater im Himmel uns tatsächlich wie die Vögel unter dem Himmel aus Seiner Hand ernährte, möchten wir es nun allen bezeugen, auch gerade denen, deren Herzen voll Angst vor den kommenden Nöten und vielleicht Hungerszeiten sind: Wir haben einen Gott, „der so wohltut denen, die auf ihn harren" (Jes. 64,3). Darum brauchen wir nicht zu verzweifeln im Blick auf einen drohenden Atomkrieg, wenn wir nur eines tun: „auf ihn harren."

DIE FERIENWÜRSTE UND EIN GABELFRÜHSTÜCK

Wer im ganzen Land könnte wissen, wann wir unsere jährlichen Mutterhausferien haben, das heißt stille Tage, die vordringlich zum inneren, doch auch zum äußeren Kraftschöpfen dienen sollen? – In der Tat, niemand. Weil aber die guten Gaben Gottes auch zur Erholung gehören, bat ich den Vater inständig, Er möchte dafür sorgen, daß in diesen Tagen für meine „Ferienkinder" der Tisch gut gedeckt werden könnte. Davon konnte ein frommer Metzger im Odenwald freilich nichts ahnen. Doch er stellte gerade eine neue Wurstsorte her, legte sie ins Schaufenster, – und niemand kaufte sie. Da mußte der Herr ihn daran erinnern, daß Sein Volk Israel immer Erstlingsopfer und -gaben gebracht hat, und kurz entschlossen nahm er sechs große Ringe dieser Wurst vom Haken, fuhr in die Stadt und legte sie uns Marienschwestern vor die Haustüre. Von diesem Tage an war in seinem Geschäft der Absatz dieser Wurstsorte glänzend. Das ließ ihn den Segen des Schenkens erkennen, und so war diese Wurst nicht die letzte Erstlingsgabe, die seitdem vor unserer Tür lag. Aber daß dieser Tag der erste unserer Mutterhausferien war, das wird auch andere mit uns ins Staunen versetzen können ob der zarten Fürsorge unseres Vaters.

Ein wahrer Vater sorgt bei besonderen Festzeiten auch für ein besonders festliches Mahl. Und weil wir doch Gott als unseren Schöpfer und Vater anbeten dürfen, ist es darum meine feste Überzeugung, daß Er sich auch in solchen Wohltaten, die das tägliche Brot angehen, als Vater erweisen will, dem es eine Lust ist, Seinen Kindern Gutes zu tun, sie zu erquicken mitten auf dem Weg der Kreuzesnachfolge. So verkündigte ich am Vorabend meines Geburtstages 1959: „Morgen früh bekommt ihr alle ein Festfrühstück, ein gutes Gabelfrühstück. Ich habe es vom Vater im Himmel für euch erbeten. Und für morgen mittag als Nachtisch habe ich für euch alle Obstsalat erbeten." Noch am gleichen Abend kamen – keiner wußte woher – alle Zutaten zum Gabelfrühstück, sogar Schinken. Doch wie sollte es mit dem Obstsalat werden? Bis zum nächsten Mittag war noch keiner da. Als wir dann aber bei Tisch saßen, läutete es an der Pforte, und eine große Portion Obstsalat wurde von einem Geschäft abgegeben. Es hätte vor einigen Wochen schon den Auftrag bekommen von einem Kunden, wäre aber leider erst heute dazugekommen, solch eine Menge zurechtzumachen. Der Spender wolle nicht genannt sein.
Oft hatte ich abends eines meiner Lieblingsworte aus der Heiligen Schrift: „Es ist mir eine Lust, daß ich ihnen Gutes tue" (Jer. 32,41), am Harmonium gesungen, das mir und uns allen das Vaterherz

der Liebe vor Augen malte. Doch als wir von dieser „Lust Gottes, uns Gutes zu tun" und Seine Kinder zu erfreuen, wieder so handgreiflich am eigenen Leibe erfuhren, konnten wir kaum solch eine überschüttende Liebe fassen. Und aus unser aller Herzen klang das Danklied: „Mein Vater, wie bist Du so gut!" Wir hatten uns für unseren Weg in der Marienschwesternschaft hingegeben, den Weg des Kreuzes zu gehen, nach Seinem Wort „allem abzusagen – unser Leben zu verlieren". Doch manche unter uns hatten dabei wohl zu wenig daran gedacht, daß neben dem zweiten Glaubensartikel der erste steht von Gott, dem Schöpfer und Vater, der väterlich sorgt, der, so wir verlassen haben Häuser, Äcker ..., uns hundertfach hier auf dieser Erde wiedergibt (Mark. 10,29 u. 30), weil der Vater der Liebe uns hier schon einen Vorschmack des Beschenktwerdens im Himmel geben will, allerdings unter Kreuz und Verfolgung.

Wenn sich darum der Vater bei uns einmal wieder in Seiner großen Güte, mit der Er uns beschenkte und erfreute, erwiesen hatte, wurde unsere Freude auf das Vaterhaus droben groß, und ich erzählte meinen Töchtern viel von der himmlischen Herrlichkeit. Denn was muß es dann erst um die himmlischen Feste und Feiern sein, wenn der Vater schon bei unseren kleinen Erdenfesten mit solcher Sorgfalt und Liebe uns mit allem Guten überschüttet? Was wird uns dann an himmlischen Gütern und Liebeserweisungen des Vaters erwarten, wenn Gott Seine Lust, uns Gutes zu tun, einmal gar nie mehr zurückhalten muß, weil keine unserer Sünden, um deretwillen Er hier auf Erden züchtigen muß, Ihn mehr am Wohltun hindern wird! Ja, nie können wir groß genug von Gottes Vaterliebe denken und nie zuviel in unseren Gebeten an sie appellieren.

DIE „KANAAN-KUH"

Die Gesundheit und rechte Ernährung unserer Schwestern lagen Mutter Martyria und mir immer sehr am Herzen. So war es durch Jahre hindurch mein Wunsch und Gebet, daß wir eine Kuh bekämen. Im Februar 1960 konnte endlich der schon längst geplante Stall „in Selbsthilfe" erbaut werden – groß und einladend für die „Kanaankuh". Im Glauben sah ich sie schon in den bald fertigen Stall einziehen, denn das war mir gewiß: Gott macht jedes Erglaubte nach Seiner Verheißung zu einem Geschauten zu Seiner Zeit. Und doch – der Stallbau ging seinem Ende entgegen, und von nirgendwoher war eine Kuh zu erwarten; nur unsere Ziegen freuten sich über den Umzug aus ihrem provisorischen Stall.

Schwester Divina hatte zu der Zeit einen Dienst in einer Landgemeinde, wo sie im Rahmen einer Bibelwoche auch von unserer Marienschwesternschaft erzählen sollte. Sie zeigte Lichtbilder und erzählte von den Wunderwegen Gottes, die Er uns geführt. Am Ende des Abends, als schon alle den Gemeindesaal verlassen hatten, kam einer der Männer und sagte ganz ernsthaft: „Herr Pfarrer, isch des wahr, daß die Schwäschtere e Kue brauche?" „Ha jo, guter Mann, des isch wahr!" „Dann könne se unsere habe!"

Es schien unglaublich – und doch, die einzige Kuh im Stall, die bald kalben sollte, wollte er uns schenken. Das hatte er in diesen Tagen der Bibelwoche mit seiner Familie erwogen, und selbst die Großmutter, deren ganze Liebe die schöne, schwarz-weiß-gefleckte Kuh war, war bereit, sie sich vom Herzen zu reißen und sie „dene Schwäschtere" zu geben um Gottes willen. Schwester Divina und später wir alle konnten es kaum glauben, wollten dies Geschenk eigentlich nicht annehmen, weil es ja des Mannes kostbare, einzige Kuh war. Doch er beharrte darauf, Gott wolle es so.

So zog die „Kanaankuh" in den schönen, neu erbauten Stall unter lauter Freuden- und Dankliedern aller Schwestern ein. Und bald darauf stand in und um den Stall eine ganze Gruppe aus jener Gemeinde, die mit einem Omnibus zum Ruferspiel gekommen war und nun unsere Freude teilen und mitdanken wollte.

Überwältigt, daß Gott auch diese Bitte erhört und uns die Kuh geschenkt hatte, konnten wir nur bezeugen: Wir wissen kaum eine von den unzähligen Bitten, die wir in diesen Jahren um das tägliche Brot mit allem, was dazu gehört, bis hin zur Kuh, zum Himmel schickten, die der Vater nicht erhört hätte – auf alles hat Er geantwortet. Glückselig sind wir, daß wir beten dürfen.

GOTT STÄRKT DURCH ERFAHRUNG SEINER WUNDER

ER GIBT „DEN JUNGEN RABEN FUTTER"

Unsere „Kanaankuh" schlug gut an, brauchte aber auch ihr Futter. Unsere Rasenstücke waren schnell abgefüttert. Da wurde uns bange; denn große Hitze setzte ein. Durch die Trockenheit wuchs nichts nach, und das wenige Gras, das noch stand, verdorrte. Geld, um Futter zu kaufen, hatten wir auch nicht. Überall suchten unsere Gartenschwestern, noch etwas Saftiges für unsere Kuh zu finden, am Waldrand und am Wegrain. Ihre Herzen riefen: Vater, Du hast uns die Kuh geschenkt, Du kannst sie doch nicht verhungern lassen! – Und wir alle flehten unseren Vater im Himmel an, der auf das Schreien der jungen Raben um Futter hört, Er möge für unsere Kuh sorgen. Doch Er ließ uns noch warten. So dankten wir für jeden Tag, an dem wieder so viel zusammenkam, daß wir unsere Kuh durchbrachten.

Eines Tages machte sich unsere Schwester Agathe daran, auf den verbrannten Wiesen auf „Kanaan" das vertrocknete Gras zu mähen. Ob unsere Kuh das fressen würde? – Da fuhr ein Bauer mit seinem Wagen vorbei und verwunderte sich wohl sehr darüber. Auf seinem weiteren Weg – so erzählte er später – wurde er von einer Dame angehalten, die ihn fragte, ob er niemand wisse, der das Gras in ihrem großen Obstbaumstück mähen würde. Es könne doch sein,

daß jemand es gern täte, um Futter zu bekommen. Da sagte ihr der Bauer von dem, was er eben mitangesehen, und brachte uns am nächsten Tag dies Angebot. Wer faßte Schwester Agathes Freude und unser aller großen Dank für solche Fürsorge des Vaters? Ja, wir durften nicht nur für den Augenblick, sondern auch für den Winter dort Gras holen und alles umsonst. Dies Erleben hat uns für alle unsere Garten- und Viehsorgen großen Glaubensmut eingeflößt.
Doch eines fehlte uns noch für den Winter: Futterrüben. Wir hätten ja die Kuh nicht nur mit Heu halten können, und 100 Zentner Rüben müßte man schon ungefähr als Wintervorrat rechnen, hieß es. An keinem Morgen wurde dies Anliegen vergessen, wenn die Gartenschwestern gemeinsam beteten. Und noch dringender wurde ihr Bitten, als die wenigen Rüben, die wir auf den überraschenden Einzug der Kuh hin noch angepflanzt hatten, von den Wildhasen gefressen worden waren.
Da kam ein Brief, in dem stand: 30 Zentner Futterrüben könnten wir abholen – das war von dem elterlichen Hof einer unserer Schwestern. Acht Tage später kamen zwei Bauern vom Nachbarort mit zwei großen Wagen Futterrüben, etwa 60 Zentner. Sie wußten, daß wir inzwischen eine Kuh hatten, und sagten nur „Wir wollen doch auch unseren Zehnten geben!"
In dieser Zeit konnte man in den Zeitungen viel

von Atomwaffenlagerung und Atomversuchen mit ihren verheerenden Wirkungen auf die Natur lesen, und es wollte unseren Herzen doch manchmal bange werden, wenn in Berichten von Fachleuten stand: Nicht der grauenhafte bevorstehende Atomkrieg, der Millionen von Menschen das Leben kosten würde, sei das Furchtbarste, sondern der Hungertod der Überlebenden, die, aus den Atombunkern heraustretend, eine Wüste vorfinden würden, in der durch den Todesstaub nichts mehr wächst. Großer Trost waren uns da die Erfahrungen, die wir Tag für Tag mit dem lebendigen Gott und Seinen Wunderhilfen machten. Wir wußten nun: Auch in der kommenden Zeit des Verderbens, in der es menschlich gesehen keine Möglichkeit mehr geben wird, daß wir unser täglich Brot empfangen, kann Gott, dessen Wesen es ist, „Wunder zu tun", Wasserquellen aus der Wüste auf Seinen Befehl entspringen lassen und uns mit Manna ernähren, wenn wir Ihm glauben und Ihn wie die Kinder ihren Vater um alles bitten.

So sind wir dankbar für die Vorwege des Glaubens und Betens und die Erfahrungen Seiner Wunder, die uns eine Lehre geben für die kommende böse Zeit. Wenn wir dann nur noch auf Beten und Glauben angewiesen sein werden, weil es keine menschliche Hilfe mehr gibt, dürfen wir erst recht damit rechnen, daß Gott sich mit Seiner Hilfe wunderbar erweisen wird.

ANDERS, ALS WIR DENKEN

Es kann vorkommen, daß bei Führungen jemand die Pfortenschwester etwas zur Seite bittet und sie fragt: „Ganz im Vertrauen, Schwester – aber sagen Sie mir doch einmal ganz offen, war das wirklich so, daß immer das Geld zur rechten Minute da war – oder haben Sie es auch schon anders erlebt?" Dann kann sie bezeugen: „Ja, immer! – Einmal allerdings . . . aber das kann Ihnen am besten Schwester Anita selber erzählen."

„Ja, das war, als wir einmal von drei Bauern zur gleichen Zeit die Zusage bekommen hatten, daß sie uns ihren Acker verkaufen wollten. Darüber war unsere Freude zwar groß – aber doch gedämpft. Vor allem dann, als uns die städtische Behörde alle drei Kaufverträge sofort als genehmigt zurückschickte, was sonst meist ein längerer Aufenthalt ist – und das bedeutete nun für uns: die ersten Raten für alle drei sofort bezahlen zu müssen, also einige tausend Mark. Wir hatten nichts auf dem Konto und in der Kasse nur den Betrag für den einen und den halben Betrag für den zweiten Bauern – und der abgemachte Zahltag war da. Wohl waren wir im Zionssaal zum Gebet zusammengekommen, hatten darum gefleht, Gott möchte uns die Hindernisse aufdecken, warum Er diesmal nicht ‚des Himmels

Fenster auftun könne' und uns das Geld geben. Aber uns wurde keine Antwort, und eine große Traurigkeit lag auf uns allen: Nun hatten wir doch zehn Jahre bezeugen können, daß der Herr immer, ja immer zumindest im letzten Augenblick eingegriffen hatte. Und an diesem Tag, es war ein Samstag, ging ich zum erstenmal fort und wußte nicht, was ich sagen sollte; denn wir hatten bei den langen Verhandlungen um den Verkauf der Äcker doch betont, das Geld würden sie ratengetreu zur Stunde bekommen, Gott habe uns darin bisher immer Seine Treue bewiesen.

Für den ersten Bauern hatte ich ja die Rate. Er konnte nicht wissen, wie schwer mir mein Herz war, als ich ihm die volle Summe auf den Tisch zählte. Aber für den zweiten Bauern? – Als ich dort schellte, machte niemand auf. Eine Nachbarsfrau sagte, er sei nicht da. Ich hinterließ einen Zettel, daß ich dagewesen sei – und ob er bei seiner Rückkehr am Mutterhaus vorbeikommen wolle, um sich das Geld zu holen. Ganz beglückt über die gnädige Fügung, blieb mein Herz voll Bangen, wie der dritte Bauer die Zahlung der nur halben Rate aufnehmen würde. Doch o Wunder – kaum konnte ich es fassen, auch er war gerade an diesem Nachmittag fortgegangen. Seine Frau sagte mir, er komme am Montag ins Mutterhaus. Ganz überwältigt von Gottes Helfen und Führen ging ich heim. Bis

Montag war die fällige Rate für ihn da, und die dritte Kaufsumme lag auch in den nächsten Tagen bereit, als der andere Bauer von seiner Reise heimkehrte."

Warum hatte Gott wohl diesen seltsamen Weg gewollt, auf dem das Geld dann doch zur rechten Stunde kam? Um uns einmal zu zeigen, daß Er vielerlei Weisen hat, uns zu helfen, und wir darum nicht gleich verzagen sollen, wenn die Hilfe nicht auf dem Weg kommt, auf dem wir sie erwarten. Doch vor allem wollte Gott unseren Glauben erproben, daß er – wie der Apostel Petrus aus eigenem Erleben schreibt – „rechtschaffen und viel köstlicher erfunden werde denn das vergängliche Gold, das durchs Feuer bewährt wird" (1. Petr. 1,7). Diese Führung und Glaubensprobe war also aus dem Herzen der Liebe Gottes entsprungen. Gott will, daß unser Glaube in der Bewährung „köstlich" werde, damit unsere Freude und Krone einst droben herrlich sein kann. Er hat immer unser Schicksal für die lange Ewigkeit vor Augen und weiß, je mehr wir hier im Glauben geprüft und bewährt wurden, desto Wunderbareres werden wir einst droben schauen dürfen, weil Glauben hier und Schauen dort sich entsprechen.

EIN VERWEGENES SPARKONTO

„Wie steht die Kasse?" Das ist die Frage, wenn eine Schwester nur mal einen Tag auswärts ist oder wenn sie erst spät abends nach Hause kommt und nicht das Vorlesen der Tagesgaben beim Abendbrottisch mitgehört hat. Denn das geht ja alle Arbeitsgebiete für die Weiterführung unserer Dienste an. Wenn darum jeden Tag nach dem Mittagessen die Schwesternschar durch den Innenhof zieht, wobei eine von uns eine Fahne mit einem Verheißungswort Gottes darauf voranträgt, bringen wir dem Vater im Himmel mit den jeweiligen akuten Bitten immer auch dies Lied:

„Alles Geld, alles Geld,
uns aus Vaters Hand zufällt.
Vater, Du gibst Deinen Kindern,
ob sie gleich sind große Sünder,
daß jed Rechnung wird bezahlt."

So sangen wir auch, als nach Fertigstellung des Hauses „Jesu Freude" die hohen Raten, wie vereinbart, noch viele Monate hindurch abbezahlt werden mußten und kein Ende nehmen wollten. Lange Zeit hatte ich in meinem Zimmer zur ständigen Ansicht die Rechnungslisten hängen, denn diese Zahlen wollten immerfort im Glauben dem himmlischen Vater entgegengehalten sein. Abend für Abend bis zum Monatsende strich ich durch, was bezahlt werden konnte, und schrieb

dann hinter jeder Summe einen Dank an den Vater.
Aber sobald ein Monatsende vorbei ist, stehen die neuen fälligen Summen unerbittlich wieder auf. Und vielleicht wird von daher begreiflicher, wenn von uns Marienschwestern die nicht immer leicht verständliche Rede geht, uns freue an Gaben nichts so sehr wie Geld.
Inmitten einer solchen von Geldnöten geprägten Zeit erweckte Gott plötzlich einen übermächtigen Drang in mir, daß die Jesu-Ruf-Kapelle eilig erbaut werde, weil Gott warte, daß wir als Seine Rufer die Botschaft hinaustragen, wofür doch diese Kapelle mit ihren 1200 Plätzen bestimmt sein sollte. Mir ging es im Kleinen so wie einst dem König David, der betete: „Ich will nicht in die Hütte meines Hauses gehen noch mich aufs Lager meines Bettes legen, bis ich eine Stätte finde für den Herrn, zur Wohnung dem Mächtigen Jakobs" (Ps. 132,3 u. 5). Doch solange die Summen fürs „Jesu-Freude"-Haus ausstanden, war es unmöglich, mit diesem großen Projekt von beinahe 1 Million DM zu beginnen.
Dieser Befehl Gottes war aber wie ein Brand, den man nicht durch Erwägungen und nüchterne Berechnungen löschen konnte. So trieb es mich, den nächsten Glaubensschritt zu tun, und ich sagte eines abends: „Wir eröffnen jetzt ein Sparkonto, und zwar eines für die Jesu-Ruf-Kapelle. Was darauf einbezahlt wird, darf nicht

angetastet werden, sondern wird die Anzahlung für diesen Bau, wenn wir ihn in Kürze beginnen."
Da brachen unter den Schwestern Fragen auf wie: Sicher würden manche etwas darauf einbezahlen, aber das ginge dann unserer allgemeinen Kasse und den Gästehausabzahlungen ab, und ... Doch mir war gewiß, den Bau der Jesu-Ruf-Kapelle betreibt Gott selbst mit solcher Eile – und dann wird Er auch dafür sorgen, daß trotz des neuen Kontos die übrigen Abzahlungen uneingeschränkt weiterlaufen. Das ging auch allen Schwestern ins Herz, und sie machten mir die große Freude und legten mir zum Geburtstag das neue Sparbuch an.
Schon tags zuvor hatte ich beim gemeinsamen Gebet dem himmlischen Vater in Glaubensversen vorgehalten, Er würde es mir doch nicht leer oder halbleer schenken, sondern das Sparkassenbuch müsse, wenn es ein Geburtstagsgeschenk sein solle, auch voll sein. Dabei hatte ich allerdings nicht gewußt, daß solch ein Buch 78 Spalten hat – und wenn also der Vater den Wunsch erfüllen sollte, eigentlich 78 Spenden an einem Tag einlaufen müßten!
So kam das Ende des Geburtstages herbei – und als alle Gaben dieses Tages eingetragen waren, war die letzte Spalte gefüllt. Über 5000 DM waren zusammengekommen, obwohl keiner von unseren Freunden von dieser Abmachung mit dem Himmel wußte. Der Grundstein für das Haus des

Herrn war da! Gott selber hatte sich dazu bekannt. In den nächsten Monaten wuchs dies Konto an – und trotzdem konnten wir den übrigen Zahlungsverpflichtungen nachkommen. Freilich gab es Engpässe und für die Kassenschwester Prüfungsstunden – sie war wohl zum erstenmal der Versuchung ausgesetzt, von einem anderen Konto „leihen" zu können. Wenn das sonst auch nicht unmöglich ist – hier war es nicht erlaubt, denn dies Konto war in besonderer Weise dem Herrn geheiligt und unantastbar. Als nun die Baugenehmigung für die Jesu-Ruf-Kapelle da war und mit dem Baugeschäft der Finanzierungsplan durchgesprochen wurde, war der verlangte Anfangsbetrag genau so hoch wie die Summe, die inzwischen auf dem „unantastbaren Sparkassenbuch" eingelaufen war.
Seitdem sangen wir noch hingebender das Lied: „Er mache uns im Glauben kühn" – für das Reich Gottes etwas zu erglauben. Wir sahen, wie Gott auf solch ein Glauben und Beten wartet, denn Er erhörte dies Gebet bis zur Füllung der 78. Spalte – bis hin zur Unantastbarkeit des Sparkontos und zum verlangten Anfangsbetrag bei Baubeginn. Wahrlich, wir haben einen großen Gott, der am liebsten große Gaben gibt. Darum freut Er sich, wenn wir merken, wo Er sie uns geben will, und dann groß von Seiner Macht und Liebe denken, auf daß Er sich entsprechend unserem Glauben und Beten in Seiner Größe erweisen kann.

„KÖNIG BALTHASAR" IM JAHR 1959

Gott hatte Seinen Finger auf eine sehr faule Stelle unter uns gelegt. Er fragte uns nach unserer Liebe im Lichte von 1. Korinther 13. Schon seit der Bauzeit hatte Er auf diesem Punkt immer wieder sehr ernst mit uns reden müssen. Nun aber schien der Vater ihn mit Macht anzupacken und ein Neues schaffen zu wollen.

Damals war es mir klar, daß wir die Jesu-Ruf-Kapelle nicht bauen sollten, ohne daß zu gleicher Zeit ein kleines Pflegehaus, ein „Franziskushaus" entstehe, worin an Alten und Pflegebedürftigen im Alltag geübt wird, was in der Jesu-Ruf-Kapelle durch die Ruferspiele verkündigt werden soll. Es steht keine Sache auf einem Bein, und das Gegengewicht für das Zeugnis des Wortes soll die Liebe in der Praxis sein – so hatte es mir der Herr ans Herz gelegt. Ein heißer, langer Gebetskampf um diese Liebe begann. Denn bei christlichen Werken sollen die Häuser immer von innen nach außen gebaut werden. Das heißt, daß ein steinernes Haus dann recht gebaut wird, wenn es wie eine Hülle über den geistlichen Bau, der vorher dasein muß, gestülpt wird. So setzte vor dem Bau des Franziskushauses im besonderen das Ringen um die rechte Barmherzigkeit unter uns ein. Wir müssen es gar nicht mehr aushalten können zu leben, ohne immerfort solche bei uns zu haben, denen wir wohltun können, – so war es mir. Und wenn dieses Verlangen auf den Höhepunkt gekommen sein wird, dann ist es gewiß, dann stellt uns der Herr das Haus dafür über Nacht hin. Das geht bei Ihm ganz schnell, wenn nur die Vorbedingungen erfüllt sind.

Dieses „über Nacht" faßten zwar gewiß die meisten Schwestern als ein Gleichnis auf. Aber wir wußten auf jeden Fall alle, daß – solange sich nichts rührte hinsichtlich des Pflegehauses – auch noch nichts von Reue und damit echter Barmherzigkeit unter uns angebrochen sein konnte.

Dann kam eine Zeit, in der wir in vieler Hinsicht die Heiligkeit und den Zorn Gottes zu ahnen begannen. Gerichtsschläge und Züchtigungen brachen über uns herein, auch Krankheit und Tod. Unser Auftrag schien uns wie ein sinkendes Schiff zu sein, – unser Garten, der einen großen Teil unseres Mittagstisches versorgt, war vom Ungeziefer zerfressen und wie verheert, Verheißungen Gottes schienen wie begraben. Und die Summe allen Redens Gottes hieß nach wie vor: „Es wird ein unbarmherzig Gericht ergehen über jeden, der nicht Barmherzigkeit erzeigt hat" (Jak. 2,13). Da brach eine tiefe Reue unter uns auf. Wir spürten: Keine Sünde wiegt so schwer wie die Sünde wider die Liebe, und wir schrieen zum Herrn, daß Er, der die Liebe ist und sie uns als kostbarstes Geschenk an Seinem Kreuz erworben hat, diese uns gebe. Unser Glaubensziel war somit, die Liebe zu erlangen, von der es heißt: „Ein Bruder hilft dem anderen in der Not, aber Barmherzigkeit tut noch mehr!" (Sirach 40,24). Das hatte der Herr uns als Jahreslosung gegeben.

Dann kam Weihnachten 1959 herbei. Für dieses Fest war es mir im Herzen, daß der Herr uns wie einst auch heute ein „Bethlehem" am Heiligen Abend schenken wollte und wir Ihn dann ganz lebendig an der Krippe benedeien könnten wie damals Hirten und Könige. Ja, Anbetung wie die Hirten wollten wir Ihm bringen – doch eins konnten wir nicht – wie die Könige dem Kindlein Gold bringen, nur Weihrauch und Myrrhe. So mußte der König, der Gold bringt, jemand anderes sein. Und ich erzählte meinen Töchtern, daß sich das Jesuskind an diesem Weihnachten sicher einen König erwecken würde, der Ihm das Gold zur Krippe brächte, damit wir das Franziskushaus bauen könnten. Es war mir so, als ob der Vater im Himmel am Fest Seiner Liebe wie einst Seine Liebe erweisen wolle, und weil uns nichts so hätte erfreuen können als das unablässig erbetene Franziskushaus, würde Er uns gewiß diese Freude bereiten.

So rechneten wir dann im Glauben fest mit der Erhörung – auch wenn die Liebe noch nicht völlig geworden war? Wir wußten, daß wir auf

Erden nie die völlige Liebe, den Stand der Sündlosigkeit erreichen, doch daß Gott eines erwartet, das zerbrochene Herz, das über seine Sünde weint. Und Gott hatte uns zerschlagen. Nun aber kam Weihnachten, das uns von Gottes Barmherzigkeit sagt, da die ewige Liebe auf Erden gekommen ist, auf daß wir wieder zur Liebe werden. Jesus ist die Garantie dafür, denn in Ihm fließt „der Liebe Bronnen". So wagten wir, im Angesicht von Weihnachten den Herrn um das Franziskushaus zu bitten, ja waren gewiß, Gott wird zu Weihnachten uns als Gnaden- und Wundergeschenk Seine Liebe erleben lassen, daß ein „König" erscheint.

Und was geschah? Als dann der Heilige Abend gekommen war und wir um die Krippe knieten und gerade ein Lied von den Königen und ihren Gaben fürs Jesuskind sangen, schwenkte plötzlich eine Schwester zeichenhaft ein Weihrauchfaß, – ohne Weihrauch – aber mit einem kostbaren Umschlag darin. Welch eine Gabe für das Kind in der Krippe enthielt er? Am Tag vorher war tatsächlich einer der „Könige" aufgetaucht, der „König Balthasar", wie wir ihn dann nannten, und hatte uns einen Scheck über 30000 DM geschickt zum Bau des Franziskushauses.

Wer kann sagen, wie überwältigt wir waren, daß der Vater im Himmel so wörtlich unsere Bitte zu Weihnachten erhörte! Wir konnten es kaum fassen, als wir den „König Balthasar" als lebendige Illustration für Sein Wort: „Ehe sie rufen, will ich antworten" (Jes. 65,24), in den Weihnachtstagen in unserem Kapitelsaal an der Krippe knien sahen. Sein „Kämmerer", ein Freund unseres Werkes, durch den er von uns und dem geplanten Franziskushaus gehört, hatte ihn, der uns bis dahin unbekannt gewesen war, zu uns gebracht. Beim Feiern um das Jesuskind wurde sein Herz sehr entzündet, daß das Franziskushaus eilig zu erbauen sei. So wollte er alles Geld, das zum Bau eines schwedischen Fertighauses noch fehlte, dazulegen. Die Armen und Kranken sollten es schön haben, und es sollte schnell gehen.

Dieses schöne, kleine Fertighaus, in 14 Tagen aufgebaut, stand dann im nächsten Herbst wirklich da, und eine glückliche kleine Familie von Alten und Kranken zog ein. Gott ließ uns also ein Weihnachten wie kaum je erleben – ein wahres Fest der Liebe, da wir großen Versager und Sünder Seine Barmherzigkeit richtig schmecken durften; denn unverdient schenkte Er uns auf unsere Bitten das Franziskushaus als Beweis, daß Er reumütigen Sündern, die sich Seinem Gericht stellen, gnädig ist und das Gebet aus zerschlagenen Herzen annimmt.

DAS TANKSTELLENGESETZ

Das Modell und der ganze Plan für die Jesu-Ruf-Kapelle, welcher so lange Gegenstand unseres Gebets gewesen, waren unserem Architekten nun unumstritten geglückt. Zum Teil lag das Baumaterial schon auf dem Platz, der Baukran sollte angefahren werden, – und doch konnte mit der Arbeit an der Jesu-Ruf-Kapelle nicht begonnen werden.

Gleich daneben lag nämlich ein stattlicher Acker, direkt an der Straße, der einem Geschäftsmann gehörte. Und dieser wollte zu der Zeit weder verkaufen noch tauschen, sondern stand in Verhandlung mit einer großen Tankstellengesellschaft, die das Land pachten und dort eine Mustertankanlage anlegen wollte mit Garagen, Restaurant, Waschhallen und dergleichen. Begreiflicherweise gab das Bauamt dazu keine Bauerlaubnis, um nicht ein zweites Mal innerhalb von 200 m Tankstelle und Kirche Zaun an Zaun errichten zu lassen. Aber so lange die Verhältnisse nicht geklärt waren, durften natürlich auch wir nicht mit dem Bau beginnen. Jener Besitzer hatte Zeit, wir aber hatten keine Zeit mehr zu verlieren.

Da strengte der Grundstücksbesitzer einen Prozeß gegen die städtische Behörde an, um die Erlaubnis zum Bau der Tankstelle zu bekommen. Und diese übersah im voraus, daß sie denselben zu 99 Prozent verlieren werde, denn ihre Verweigerungsgründe waren nicht stichhaltig genug. Uns nahestehende Freunde, die in diesen juristischen Dingen bewandert sind, sagten sich und uns: Diesmal läge die Sache so, daß wirklich mit keiner Lösung zugunsten der Jesu-Ruf-Kapelle zu rechnen sei.

Wir riefen in dieser Ausweglosigkeit wirklich Tag und Nacht zum Herrn. Das Baugeschäft war bereits dabei, seine Maschinen wieder wegzuholen, um mit einem anderen Bau zu beginnen und vielleicht erst in einem halben Jahr mit der Kapelle, wenn alles klar sei. Wir wußten, daß unsere mangelnde Reue der Hinderungsgrund sein mußte, um deswillen Gott die Kapelle noch einmal aufs Spiel setzte. Mitten auf „Kanaan" ein Acker mit Großtankanlage für alle Zeit – das wäre uns wie zu einem Denkmal unserer Sünde geworden. In dieser Lage hatte auch nicht einmal die beste Phantasie mehr Raum, sich einen Ausweg auszumalen. Und Gott schwieg.

Inzwischen kam der Verhandlungstermin zwischen dem Besitzer und der Stadt heran. Da verabschiedete das Land Hessen ein Gesetz, das schon seit Jahren, wie wir hinterher hörten, vorbereitet war, nämlich daß „in Wohngebieten keine Tankstellen mehr errichtet werden dürfen". Und „zufällig" wurde es gerade einen Tag vor dem Termin rechtskräftig. Die Folge war, daß der Prozeß von der Stadtverwaltung gewonnen

wurde und dem Bau der Jesu-Ruf-Kapelle nichts mehr im Wege stand.
Drei Jahre später konnten wir den Acker dem Besitzer abkaufen, und das Wundersame war: Es war kein Bruch geschehen, keine Verbitterung zurückgeblieben. Wir aber lernten gerade durch dieses Eingreifen Gottes über einem neu anzubeten: Um der Bergpredigt willen haben wir nie den Weg des Rechtes oder der Macht eingeschlagen, würden wir nie Prozesse führen. Und doch ist jedem, der diese Sachverhalte überschauen kann, klar, daß wir niemals auf Wegen der Macht oder des Rechtes etwa dieses Grundstück bekommen hätten, sondern nur dadurch, weil unser Beistand, Anwalt, Vorstand, Vater und Ratgeber der allmächtige Gott selber ist.

GOTT ERHÖRT GEBET IM WAGNIS DES GLAUBENS AUF WÜSTENWEGEN

DIE EINNAHME DES LANDES „KANAAN" BEI EBERSTADT

Im Süden unseres Mutterhauses breitet sich ein weites, bis zum Jahre 1955 fast unbebautes Land aus – damals nur grüne, brachliegende Äcker, hier und da ein weites Ährenfeld oder schmale Streifen von Rüben und Klee – dazwischen vereinzelte Obstbäume und sandige Wege. Dies liebliche, ländliche Gebiet, östlich an die Bundesstraße 3 und im Westen an den ausgedehnten Laub- und Kiefernwald grenzend, geht über in die ersten Häuser des Vorortes Eberstadt. Eine waldreiche Hügelkette mit Ruinen des Frankensteins, die Ausläufer des Odenwaldes, säumt es. Vögel und mancherlei Tiere des Waldes und Feldes rings um uns ließen gar nicht die so nahe

Stadt vermuten. Und wenn die einzelnen Spaziergänger unter dem gemeinsamen Abendläuten der Eberstädter Kirchen beider Konfessionen sich hier ergingen, dachte wohl kaum jemand daran, daß der ländliche Frieden dieses Gebietes sehr bald ein Ende haben könnte, weil hier eine große Siedlung und eine Verkehrsstraße geplant waren.

Wir selbst freuten uns dieser landschaftlich so schönen Lage durch all die Jahre: Wir wohnten in der Stadt und doch auf dem Lande – zwischen Verkehr und Einsamkeit, Straße und Wald –; aber niemand unter uns interessierte sich bis dahin für die Besitzverhältnisse oder vielleicht sogar vorliegenden Bebauungspläne, abgesehen von dem geplanten Verlauf der Umgehungsstraße.

EIN AUFTRAG GOTTES ZU SEINER VERHERRLICHUNG

Und dann kam der 4. Mai 1955, an dem mir der Herr die innere Gewißheit schenkte, daß Er uns dies Land geben wolle, damit dort ein „Kanaan" * entstünde, ein Land Seiner Verheißungen, Seiner Wunder, darin etwas vom Reich Gottes als dem Königreich der Liebe sichtbar und spürbar werde, schon hier. So war mir aufgetragen, mich um dies Land zu bemühen, da Gott Seine Hand darauf gelegt hatte für Seines Reiches Anliegen.

* Ergänzendes dazu in „Immer ist Gott größer" – Geschichte und Sendung der Marienschwesternschaft

Für alle Aufträge, die Er uns gegeben, war Raum, waren Häuser nötig – so für die vielen Menschen, die zu den Ruferspielen kamen, eine große Kapelle, für die sich mehrenden Gäste der Einkehrzeiten ein neues Gästehaus, für alle, die in leiblicher Not an unsere Türe klopften, für Alte und Pflegebedürftige, Häuser, in denen der praktische Liebesdienst getan werden sollte.
Vor allem aber – wartete nicht der Herr heute auf solch ein kleines Land „Kanaan" hier unter uns, das Seine Wundertaten verkündigte, weil Land und Bauten allein durch die Hilfe Gottes gegeben würden? Wartete Er nicht auf ein Land, das damit von der Realität Gottes heute aussagte und von Seiner Vaterliebe, die Seinen Menschenkindern also wohltut, wenn sie allein in ganzer Abhängigkeit von Ihm leben? War es nicht Seine Liebesabsicht zu zeigen, daß solche, die unversichert, ohne feste Einnahmen, in jeder Hinsicht unversorgt waren, unter Seiner Vaterfürsorge wie im Paradies leben, in Seinem Frieden und in großer Freude?
So ging es also um die Einnahme eines Verheißungslandes, eines wahren „Kanaan". Und der Glaubens- und Gebetsweg, in dies verheißene Land hineinzukommen, begann mit einem fröhlichen Sieges- und Glaubensmut. An einem der ersten Abende, nachdem ich meinen Töchtern von diesen großen Aufträgen Gottes gesagt hatte, zogen wir alle mit unseren kleinen Glaubensfahnen, auf denen Gottesverheißungen stehen, über dies Land und stimmten wie das Volk

Israel um Jericho Glaubens- und Siegeslieder an. So hatte der Junge, der am anderen Ende „Kanaans" wohnte, nicht unrecht, wenn er an jenem Abend, dies vom Fenster aus beobachtend, rief: „Vati, guck mal, die Marienschwestern machen Manöver!"

Wirklich, die Eroberung dieses Landes war ausgerufen, und damit wurde ein Glaubensfeldzug in neuem, großem Ausmaß angetreten. Wie groß dieser Glaubensfeldzug sein würde, konnten wir noch nicht erkennen, schien dies Gelände mit Wiesen und Äckern doch so einheitlich, so zusammengehörig zu sein – bis man es auf den Plänen des Katasteramtes ansah. In wie viele kleine und kleinste Parzellen zerfiel es da, wie viele Besitzer mit sämtlichen Angehörigen und Erben waren an einem oft ganz kleinen Streifen beteiligt! Doch davon wußten wir in dieser Stunde noch nichts. Ich wußte nur, daß der Herr mir als Bestätigung für diesen neuen Auftrag das Wort gegeben hatte:

> „Laßt sie nicht in eure Städte kommen, denn der Herr hat sie in eure Hand gegeben" (Jos. 10,19). *

Und dazu kam die andere Bestätigung, daß Gott Mutter Martyria dann dieselbe innere Gewißheit gab, daß wir dieses Glaubensziel festhalten und uns keine Ruhe mehr gönnen sollten, bis sich Seine Verheißung erfüllen konnte und hier ein Land für die Anliegen Seines Reiches als ein

* Siehe Fußnote Seite 14

wahres „Kanaan" zu Seiner Verherrlichung entstünde.

Damit war die Parole für uns ausgegeben, in den Glaubens- und Gebetskampf einzutreten, wie wir ihn gegen solch starke Bollwerke und durch eine so lange, ja kaum endenwollende Zeit noch nie geführt hatten. Denn die Bollwerke waren schier uneinnehmbar, und jedesmal, wenn eines gefallen, stand ein neues – oft noch stärkeres – vor uns auf – kaum zu zählen in den folgenden Jahren. Bei dieser Eroberung unseres Landes „Kanaan" ging es also nicht darum, daß durch einen Glaubens- und Gebetseinsatz von einigen Tagen, Wochen oder gar Monaten, wie wir es bisher meist erlebt hatten, die Hilfe kam. Nein, hier hieß es einen langen Weg, einen Glaubensweg von Jahren zu durchschreiten.

Die Heilige Schrift gab uns dafür die klare Ausrichtung. Vor uns stand der Weg der Kinder Israel nach Kanaan – ein langer Wüstenweg, auf dem Gott eines erzielen wollte, daß ihr Glaube erprobt würde und sie sich demütigten (5. Mose 8,2). Das Glaubensziel war zu gewaltig, um durch weniger Kampf erreicht zu werden: ein Land Gottes, darin das Volk Israel selbst ein heiliges Volk darstellen und als Licht weit in die Lande leuchten sollte. So mußte sein Glaubensweg durch die Wüste zugleich ein Erziehungsweg Gottes sein, wie der Herr über diesen Weg sagt: „daß er euch erzogen hat wie ein Mann seinen Sohn" (5. Mose 8,5), auf daß das Land Kanaan als Land Gottes in seinen Bewohnern Gott selbst

erstrahlen lasse und Er es somit in Wahrheit zu einem „heiligen Land" machte.
Diese Gesetze, nach denen Gott das Volk Israel als Sein Volk führte, sind ewig gültig. So konnte es nicht anders sein, als daß wir im Kleinen schattenhaft den gleichen Weg geführt wurden, wenn bei unserem Land „Kanaan" auch etwas von Seinem Reich, dem Königreich der Liebe, offenbar werden sollte.
Und wie begann der Wüstenweg des Volkes Gottes nach Kanaan? Mit einem Wunder, dem Durchschreiten des Schilfmeeres. Aus Gnaden ließ der Herr auch unseren Weg auf den ersten Gebets- und Glaubensabend hin mit einem Wunder beginnen, das der Start für den Wüstenweg war und uns in dunkelsten Stunden immer Mut machen sollte, daran zu glauben: Gott vollendet, was Er so wunderbar begonnen, und wird uns das Land der Verheißung nach dem schweren Glaubens- und Wüstenweg schauen und besitzen lassen.

GOTTES WUNDERBARES HANDELN BEIM AUFBRUCH DURCH DIE WÜSTE

Dieses erste Wunder, mit dem der Glaubens- und Wüstenweg begann, ereignete sich am 1. Juni 1955, also drei Wochen nach dem inneren Auftrag, im Sitzungszimmer des Oberbaudirektors, Herrn Professor Peter Grund, bei dem wir uns zu einem Gespräch über das von uns er-

wünschte Land angemeldet hatten. Er wurde gleich zu Beginn des Gesprächs herausgerufen. Wir aber saßen vor dem langen Sitzungstisch, und unsere Augen wurden dabei immer größer, unsere Herzen immer beschwerter, – denn auf diesem Tisch stand ein großes Modell einer ausgedehnten Siedlung von Hochhäusern, Einzelhäusern, Grünanlagen, Parkplätzen, und mitten hindurch führte eine mächtige, autobahnähnliche Straße. Und dieses Modell – das merkten wir sofort – war genau für das Gelände ausgearbeitet, das wir unser „Kanaan" nannten. Wir waren gekommen, Erlaubnis zu erhalten, dieses Gelände bebauen zu können. Und nun sahen wir, die Würfel waren bereits gefallen.
Wir konnten uns kaum von unserem Schrecken erholen, da kam der Oberbaudirektor wieder herein, und auf das Klarlegen unserer Bitten hin hörten wir aus seinem Munde noch einmal die vernichtende Tatsache: Über dies Land – unser Land „Kanaan" – ist bereits von der städtischen Baubehörde verfügt, wie das Modell zeigt. Der Oberbaudirektor erklärte uns die Pläne. Unser Nachbar am Mutterhaus sollte eine amerikanische Offizierssiedlung werden, und die Stadtverwaltung hatte den Amerikanern schon in einem 16 Seiten langen Brief nachgewiesen, warum sie nur hier und nirgends anders bauen könnten. Der Oberbaudirektor hatte diesen Plan selbst gemacht und mußte darum wohl mit ihm verwachsen sein. Außer der geplanten amerikanischen Siedlung hatte die städtische Baubehörde

„unser Land Kanaan" schon für dringlich erwartete Angestelltenwohnungen aufgeteilt. Übrigens sollte in 14 Tagen der erste Spatenstich für die Offizierssiedlung gemacht werden – alle Verhandlungen für den Bau waren bereits abgeschlossen. Und abgesehen von all diesen Tatsachen war ja die große Umgehungsstraße gerade durch dieses Land geplant, und das war nicht Sache der Stadt Darmstadt, sondern der Bundesregierung und lag ganz fest.
So konnten wir eigentlich nur unverrichteter Dinge wieder gehen – und konnten es doch nicht, denn Gott hatte einen Auftrag, eine Verheißung gegeben, und für die hieß es im Glauben kämpfen. Im Mutterhaus wurde während dieser Stunde eine Gebetsschlacht geschlagen, und dies Gebet löste meine Zunge und machte sie beredt, dem Oberbaudirektor immer wieder darzulegen, daß Gott dieses Land „Kanaan" haben wollte und bereits Seine Hand darauf gelegt hätte, darum müßte es unbedingt unser werden.
Und was geschah? Als ich angesichts aller dieser Bollwerke noch einmal anhand des Modells das ganze Gelände umriß und betonte, dies müßten wir ohne Einschränkung haben um der verschiedenen Aufträge willen, nahm der Oberbaudirektor plötzlich ein Papier zur Hand und skizzierte den Lageplan für die ersten Häuser unseres „Kanaans" mit Kohlestift. Gott machte damit Sein Wort wahr, daß bei Ihm kein Ding unmöglich ist. Er hatte das Herz dieses Mannes angerührt! Der Oberbaudirektor äußerte, er wage deshalb

nicht, sich gegen ein so sehr umwälzendes und beinahe unmögliches Vorhaben, wie es das unsere sei, zu stellen, weil er spüre, Gebete und Glauben seien eine Macht. Ein Wunder war geschehen – Gott hatte die maßgebendste Persönlichkeit der Baubehörde trotz festgelegten Plänen überzeugt, daß Er ein „Kanaan" auf diesem Land werden lassen wollte, und bereit gemacht, diese festgelegten Pläne wieder umzustoßen, ja sich für „Kanaan" bei den Behörden gegen seine eigenen Interessen einzusetzen.

Und dann erlebten wir einen unvergeßlichen 6. Juni: Der Oberbaudirektor, der sonst auf Wochen hinaus kaum für eine Minute zu sprechen war, fuhr bei uns vor. Wir kamen alle zusammen, es war ein strahlender Tag, und der Empfang spielte sich in unserem Garten ab. Da – umringt von allen Marienschwestern – holte Herr Professor Grund aus seiner Brusttasche ein Pergamentpapier und entfaltete eine Lichtpauszeichnung, die er inzwischen rasch entworfen hatte: einen weiter ausgeführten Vorschlag für die Anlage des Landes „Kanaan". In der Mitte führte eine prächtige Allee hin zur Ruferspielkapelle mit einer stattlichen Freilichtbühne, und all die Häuser, welche wir schon für „Kanaan" vorgesehen und ihm angegeben hatten, standen mit wenigen Strichen vor unseren Augen so glaubhaft da, daß manche von uns daran merkten, wie ungläubig sie noch waren. Wir waren wie die Träumenden und konnten dies Wunder kaum fassen.

Trotz unserer großen Freude, daß Gott bei dem

Gespräch mit dem Oberbaudirektor sein Herz gewandt hatte, stand jedoch wie ein Gespenst vor uns: „Wird der Magistrat einwilligen?" Immer wieder betonte der Oberbaudirektor, daß der Magistrat zu diesem unserem unerhörten Anliegen, das bereits vergebene Gelände für „Kanaan" frei zu bekommen, erst noch sein „Ja" geben müsse. Und weil die Beschlüsse über das Land „Kanaan" schon festlagen, sei menschlich gesehen so gut wie keine Hoffnung, daß wir hier etwas erreichten, denn auch er könne ohne das „Ja" des Magistrats nicht über dies Land verfügen. Der Weg durch die Wüste begann.

GROSSE HINDERNISSE, WEIL GROSSE PLÄNE GOTTES

Es hieß nun, Besuche bei den Magistratsherren zu machen. Unter der Losung, die der Herr gab: „Die Gesegneten werden das Land erben" (Ps. 37,22) und „Ihr sollt euch nicht fürchten noch zagen vor diesem großen Haufen, denn ihr streitet nicht, sondern Gott" (2. Chron. 20,15), begannen Mutter Martyria und ich die mancherlei Besuche bei Magistratsherren, um jeden einzelnen vor der nächsten Magistratssitzung zu informieren. Jedoch verliefen diese Gespräche mit den Herren so, daß sie – von ihrer Sicht begreiflicherweise – meist völlig verständnislos unserem Vorhaben gegenüberstanden, ungehalten, daß wir überhaupt wagten, solch ein Anliegen an sie heran-

zubringen. So waren diese Gänge sehr demütigend für uns.
Und das waren nur die ersten vier Wochen eines sieben- bis achtjährigen Glaubenskampfes, den wir für unseren Weg nach „Kanaan" nötig hatten, damit wir uns in Geduld übten und uns demütigten unter die gewaltige Hand Gottes, wenn sie uns durch Menschen schlägt. Ja, wir sollten zum Schluß nicht meinen, daß wir es durch unseren Arm, unseren Glauben geschafft hätten, sondern dann gedemütigt und zerschlagen Gott allein die Ehre geben.
Wie viele „Enakskinder" mußten dazu helfen, daß wir zerschlagen würden, daß wir glauben lernten unter den Proben Gottes! Denn die Stadtverwaltung hatte dieses Gelände als Umlegungsland erklärt. Deshalb konnten nur solche Interessenten etwas davon erwerben und darauf bauen, an die sie ihr Vorkaufsrecht abtrat. Da war weiter das Land Hessen, dem zwei Drittel dieses Gebietes gehörten und das dafür eigene Besiedlungspläne hatte. Dann hatten auf diesem Gelände ca. 20 verschiedene Einzelbesitzer ihre Grundstücke, von denen nicht jeder selber über seinen Besitz verfügte, sondern manchmal waren es ganze Erbengemeinschaften für einen Acker, bei denen man normalerweise durch mindestens eine Generation warten muß, bis eine Familie übereinkommt, einen Acker zu verkaufen. Im Gesamten war es eine Fläche von 36 Morgen. Und als letztes, größtes Hindernis hatte – wie schon gesagt – die Bundesregierung gerade über

„unser verheißenes Kanaan" die große, lärmreiche Bundesstraße geplant.
Menschen, die von der Lage der Dinge wußten, lachten über uns und unser „kindliches" Vorhaben. Ja, wir hörten, daß man in Darmstadt an verantwortlicher Stelle lächelnd äußerte: „Die Marienschwestern meinen, daß durch Glauben selbst Bundesstraßen versetzt werden können."
Wir erlebten immer mehr, wie verwegen, wie groß unser Glaubensziel war, das vor uns liegende Land als Land „Kanaan" erwerben zu wollen, und spürten, hier bedurfte es eines kühnen, anhaltenden, geduldigen, bei allen Widerständen nicht müde werdenden Glaubens. Ja, hier hieß es, eine Schule des Glaubens zu durchlaufen, in der das Lernen bitter schwer war. Doch uns stärkte die Gewißheit: Je schwerer der Glaubensweg, desto größer die Wunder, die Gott tun wird, und damit wird die Ehre Seines Namens groß und Er verherrlicht werden, wofür wir ja das Land „Kanaan" erwerben wollten.
Immer wieder neu war uns der Weg des Volkes Israel in allen Anfechtungen Trost. Denn dies Vorbild der Heiligen Schrift zeigte uns, daß der Weg, auf dem wir uns befanden, gerade recht war. Die Geschichte des Volkes Israel sagte uns, daß auf solchen Glaubens- und Wüstenwegen Großes geschehen würde. Wir sollten geläutert und bereitet werden, um Sein Land in Seinem Geist zu bewohnen, damit das Königreich der Liebe dort aufleuchten könne. Das machte uns in den dunklen Stunden Mut, im Glauben nicht

müde zu werden, wenn Gott, weil Er diesen Erziehungsplan für uns in Seinem Herzen trug, auf dem weiteren Weg scheinbar gegen uns stritt. Ein „Nein" folgte auf das andere.

SEIN WORT – EINE UNUMSTÖSSLICHE ZUSAGE

Dann kam ein unvergeßlicher Tag. Ein Brief von der Stadtverwaltung wurde uns zugesandt. Bangen Herzens machte ich ihn auf. Er enthielt den Beschluß der Magistratssitzung, das Endresultat all unserer Bittgänge zum Oberbürgermeister, Bürgermeister, den Magistratsräten. Als ich diesen Brief las, brach mir alles zusammen, und mein Herz wurde zentnerschwer. Nach dem beigelegten Plan hatte man uns von der Stadt aus für den Fall, daß uns die Ackerbesitzer und das Land Hessen überhaupt je verkaufen würden, weniger als die Hälfte des Landes als Interessengebiet zur Verfügung gestellt. Doch das nicht allein – die Umgehungsstraße schloß dies uns zugedachte Land ab. Also hatte man auf unsere Bitte so gut wie ein „Nein" gesagt. Und mit diesem Beschluß war dann alles aus, weil die Umgehungsstraße der Bundesstraße 3 mit ihrem großen Lärm den Bau einer Kapelle und unserer Häuser des Gebets ganz unmöglich, ja „Kanaan" mit seinem Auftrag hinfällig machte.
In meiner Gebetsecke breitete ich diesen Brief mit seiner Hiobsbotschaft unter Tränen vor Gott,

meinem Vater, aus. Ich bat Ihn in dieser Not um Hilfe, der doch zu allen Zeiten zu Seinen Verheißungen gestanden, um so mehr, wenn es – wie bei uns – um eine Sache Seines Reiches ging. Auf dieses Gebet hin bekam ich das Losungswort: „Wo aber wäre unter euch ein Vater, der seinem Sohn, wenn er ihn um Brot bittet, einen Stein reichte oder der, wenn er ihn um einen Fisch bittet, ihm eine Schlange gäbe?" (Matth. 7,9 u. 10). Entfacht von dieser Zusage Gottes, nahm ich einen Stift und strich die eingezeichnete Grenze und die Umgehungsstraße in der uns zugesandten Skizze aus. Dann ging ich zu den Schwestern in den Kapitelsaal und sagte ihnen davon, daß die Stadt unserer Bitte nicht entsprochen hatte. Zugleich zeigte ich ihnen den Plan mit seinen Durchstreichungen und verkündete, daß der Vater im Himmel die Grenze jedoch nach der Zusage Seines Losungswortes so setzen werde, wie ich sie nach dem Gebet eingesetzt hatte, nämlich daß ganz „Kanaan" unser würde; denn was Gott sage und wolle, das geschähe. Er habe das Wort gegeben: „Wo aber wäre unter euch ein Vater ...", und so würde Er uns nicht „Steine" geben. Das hieße in unserem Fall, wo wir für Seines Reiches Auftrag um Stille gebeten hatten, würde Er uns nicht den Lärm der Umgehungsstraße geben. Denn wo, wo wäre je solch ein Vater, der Steine gäbe? Wo? Nirgendwo! Der Vater im Himmel könne das erst recht nicht.

Seitdem sangen wir immer und immer wieder dem Vater zu: „Wo ist ein Vater, der Steine statt

Brot gibt, ... wo? – nirgendwo!" Denn Sein Wort ist Ja und Amen, das war mir der große Trost. Ja, daß Gottes Wort mehr gilt und gewisser ist als ein Wort und Beschluß oberster Behörden, gab mir allein den Mut, diesen dunklen Glaubens- und Wüstenweg weiterzugehen, der im Schauen enden mußte, weil Sein Wort bei solch dunklen Glaubens- und Wüstenwegen von einem „Hernach" sagt, – „um dir hernach Gutes zu tun" (5. Mose 8,16). So sangen wir tapfer unser Lied weiter, das uns schon von Anfang des Kanaanauftrags an begleitet hatte:

„Umgehungsstraße fällt,
Umgehungsstraße fällt,
Jesus ist der Siegesheld!",

auch wenn wir von hier und da hörten, daß bereits die Termine festlagen, mit dem Bau der Umgehungsstraße zu beginnen, und lange Zeit auf unsere Glaubensgebete und -lieder keine Antwort kam.

Da erinnerte mich der Herr eines Tages daran, daß ein früherer Hochschullehrer von mir gerade im letzten Jahr gesagt hatte, wenn er einmal einen Dienst für mich tun oder sich für die Anliegen der Marienschwesternschaft verwenden könne, sollten wir ihm Bescheid sagen. So rief ich ihn an. Er war inzwischen Kultusminister in einem der Bundesländer geworden und setzte sich nun sehr für uns ein.

Lange hörten wir nichts, und noch mancherlei Wege bis zu höchsten Stellen in Bonn waren vergeblich – jeder sagte uns kopfschüttelnd nur ein „Unmöglich". Doch eines Tages – im Februar 1956 – sah eine Schwester auf dem Bauamt zufällig beim Warten dort einen Lageplan und traute ihren Augen nicht: Die Umgehungsstraße war hinten im Wald aufgezeichnet. Auf einmal fing unsere Glocke an zu läuten und hörte schier nicht mehr auf. „Umgehungsstraße verlegt?" – alles rannte wie in einem Ameisenhaufen durcheinander und war taumelig vor Freude. Gott hatte Seine Verheißung wahr gemacht: „Wo ist ein Vater, der Steine statt Brot gibt? – wo? – nirgendwo!" Unfaßbar waren unsere Freude und der Dank zum Vater.

ANFECHTUNGEN SOLLEN GLAUBEN BEWÄHREN

Wenn wir auch diese Erquickung auf dem Wüstenweg erfuhren gleich der Mannaspeise der Kinder Israel, so wurde uns weiterhin nicht erspart, was auf Wüstenwegen stets zu erleiden ist. Wüstenwege waren für die Kinder Israel und sind auch heute für jeden Menschen Anfechtungswege. In der Wüste kommt der Versucher und knüpft bei unserem natürlichen Begehren an, es leicht und bequem zu haben. So fragt er uns: Hättest du nicht einen anderen, einen leichteren Weg gehen können? Ist dieser Weg nicht vielleicht selbst erwählt? Solltest du nicht lieber geblieben sein, wo du warst? – wie der Versucher den Kindern Israel nahelegte, daß sie doch

besser bei den Fleischtöpfen Ägyptens geblieben wären.
So hatte der Feind auch für unseren Weg die Anfechtung bereit. Einer unserer Gegner hatte im Magistrat einen Freund, und dieser Gegner beeinflußte nun die Herren mit scheinbar geistlichen Waffen: Man würde uns nur Gutes tun, wenn man uns nicht nachgäbe, denn je kleiner wir blieben, desto segensreicher wäre unsere Arbeit. Das Größerwerden würde uns nur verflachen und unfruchtbar machen, das sehe man an vielen. Und die Stimmen, selbst unserer Freunde, mehrten sich, die uns die Frage stellten, ob unser Weg nicht ein Gott-Versuchen wäre.
Sie alle konnten nicht ahnen, wie sie mit dieser neuen Parole auch die Anfechtungen bei uns schürten. Denn wie schön hätten wir es von unserem „alten Adam" her gefunden, klein bleiben zu dürfen. Aller Kampf um „Kanaan" wäre dann zu Ende gewesen, die Gaben unserer Freunde zur Aufrechterhaltung unserer Dienste hätten für die bisherigen Aufgaben wohl ausgereicht. War das Ziel nicht doch zu hoch gesteckt? Sollten wir wirklich in diesem Kampf durchhalten? Doch Gott hatte anders zu uns geredet als diese Stimmen um und in uns. Er hatte unserer Marienschwesternschaft für 1957 als Jahreslosung das Wort gegeben: „Siehe da, ich habe euch das Land, das vor euch liegt, gegeben; gehet hinein und nehmet es ein" (5. Mose 1,8). Das leuchtete als heller Verheißungsstern in die dunkle Nacht der Anfechtungen, und wir wußten, daß wir es als

Schuldschein Gott im Glauben und Gebet immer wieder neu vorhalten mußten.
Am Anfang des Jahres schien sich aber diese Jahreslosung gar nicht zu erfüllen. Vielmehr wurde es im Februar 1957 im Blick auf „Kanaan" so dunkel wie nie zuvor, so daß dies Wort uns wie ein Höhnen des Feindes dünkte. An drei Tagen nacheinander trafen jedesmal Nachrichten ein, von denen eine die andere an Schwere übertraf und die uns wirklich an den Lebensnerv in geistlicher Hinsicht gingen. Man sagte uns, daß die Stadt ihr Vorkaufsrecht auf „Kanaan" geltend machte, wir dort also nie etwas ankaufen könnten, sogar die Äcker im Privatbesitz nicht an uns verkauft werden dürften. Und zudem teilte man uns mit, daß die bisher mühsam abgeschlossenen Kaufverträge mit den einzelnen Ackerbesitzern rückgängig gemacht werden müßten, daß weiteres Gelände unter keinen Umständen weder im Tausch noch in Pacht noch im Kauf je unser Eigentum würde. Die Hand Gottes lag so schwer auf uns, auch in anderer Weise noch, daß selbst die sonst fröhlichsten Schwestern schier wie erstarrt vor Kummer waren.
War es nicht doch so, daß Gott uns durch das Nein der Behörden im Grunde Sein Nein sagte? Würden überhaupt so viele Menschen kommen, um das Land „Kanaan" nachher zu bevölkern und zu besuchen? Es gab dunkelste Tage und Wochen für uns, als alle diese Stimmen an uns herangetragen wurden.

Als ich in diesen Wochen großer Not und Anfechtung den Herrn anflehte, Seinen Weg kundzumachen, den wir doch allein gehen wollten, gab Er auf die Frage, ob Er denn wirklich wolle, daß wir uns ausbreiteten, das überwältigende Wort: „Ich will bei euch der Leute und des Viehes viel machen, daß sie sich mehren und wachsen sollen" (Hes. 36,11) und: „Ich will wachen über meinem Wort, daß ich es tue" (Jer. 1,12).
So gingen wir unseren Wüstenweg weiter, der schon fast zwei Jahre lang währte. Gebet und Glauben hielten uns aufrecht in den schweren, vergeblichen Kämpfen. Ja, je unmöglicher die Einnahme „Kanaans" wurde, um so mehr trieb es die ganze Schwesternschaft ins Gebet. In Gruppen oder als ganze Schwesternschaft wurde tagsüber und auch manchmal nachts im Glaubensringen gebetet. Und es gab immer neue Buße und manche Reinigung unter den Züchtigungen Gottes in unserer Schwesternschaft.

ZEHNTER GEBURTSTAG – „MEIN VATER, WIE BIST DU SO GUT!"

Und dann nahte das Fest des zehnjährigen Bestehens unserer Marienschwesternschaft, der 30. März 1957, ein Tag, an dem der Vatername Gottes wie nie aufleuchten sollte ob Seiner überströmenden Güte und Liebe, die wir all die Jahre erfahren hatten. Ja, ein „Vaterdankfest wie

nie" sollte es werden – wenn auch unter Tränen, in dunkler Nacht, da des Vaters Hilfe fern –, ein Dankfest im Dennoch des Glaubens, so schien es uns.
Was würde aber der Vater im Himmel an diesem „Seinem Tag" tun? Ach, wer von uns gemeint hatte, daß er das Vaterherz in seiner unfaßbaren Liebe ein wenig kenne, mußte an diesem Tag bekennen, daß er es nicht von ferne erahnt hatte. Denn folgendes geschah: Der Festgottesdienst am Vormittag war vorüber, mittags hatten wir mit einigen Hunderten von Menschen schier ohne Ende die zu diesem Tag entstandenen Vaterpreislieder im Rückblick auf all Seine Vaterliebe in den vergangenen zehn Jahren gesungen. Um vier Uhr nachmittags sammelte sich die Festgemeinde noch einmal in der Kapelle, um ein kleines Spiel mitzuerleben, das die Wundertaten des Vaters beim Bau von Mutterhaus und Kapelle und Seine große Güte uns ins Herz singen und sagen wollte.
Doch die Feier konnte nicht beginnen, weil ich plötzlich abgerufen wurde. Der Oberbaudirektor, Herr Professor Grund, der all die Jahre so treu zu uns gestanden hatte, war gekommen. Er war voll großer Freude, weil er ein besonderes Geschenk zu diesem Festtag mitgebracht hatte, eine Wundergabe des Vaters. Er erzählte, daß heute, am Samstag, wo sonst nie eine Magistratssitzung stattzufinden pflegt, die Herren zur Beratung zusammengekommen waren und daß ausgerechnet heute, am 10. Geburtstag der Marienschwe-

sternschaft, unser Anliegen wegen „Kanaan" besprochen worden war. Und ein Wunder war geschehen! Die Gegenmeinungen waren – obgleich bisher immer siegreich – plötzlich überstimmt und der Beschluß gefaßt worden, daß das Land „Kanaan" unser Interessengebiet sein sollte. Das hieß, daß wir dort bauen dürften, wenn das Land Hessen und die Privatbesitzer uns das Gelände verkauften. Die Stadt Darmstadt hatte also das Vorkaufsrecht hiermit an uns abgegeben.

In meinem Herzen jauchzte es ob dieser Nachricht: „Mein Vater, wie bist Du so gut!" Und ich ging sogleich, eine Siegesfahne schwingend, mit der Freudenbotschaft in die Kapelle. Nun wurde unser ganzes Festprogramm umgeworfen, denn zutiefst überwältigt von der Güte Gottes, konnte ich berichten, welch ein Geburtstagsgeschenk der Vater im Himmel sich in Seiner großen väterlichen Liebe für diesen Tag und für diese Stunde jetzt erdacht hatte. Ich stimmte das Lob in freien Versen an, durch die wir das so wunderbare Eingreifen Gottes in ganz aussichtsloser Lage besangen. Gleich begann die ganze Gemeinde den Refrain mitzusingen und den Vater zu preisen. Dem Oberbaudirektor, Herrn Professor Grund, und dem ebenfalls mit uns feiernden Bezirksdirektor von Eberstadt, Herrn Dächert, der sich auch sehr beim Magistrat für uns eingesetzt hatte, sangen wir den Segen Gottes zu. Und dieses Lobpreisen schloß dann mit „Großer Gott, wir loben Dich ..."

Das Wort, das der Herr uns schon vor dem Einzug ins Mutterhaus für unser Leben dort gegeben hatte, leuchtete an diesem Tag hell auf: „Wie denn von der Welt her nicht vernommen ist, ... auch kein Auge gesehen hat einen Gott außer dir, der so wohltut denen, die auf ihn harren" (Jes. 64,3). Und in unserer Chronik steht von diesem Tag, daß wir schier außer uns vor lauter Glück waren, überwältigt, daß unser Vater im Himmel sich erdacht hatte, uns diese große Freude gerade zum zehnten Geburtstagsfest der Marienschwesternschaft zu bereiten. Der Anbetungschor auf die Liebe des Vaters kam darum aus übervollem Herzen und war Ausdruck dessen, was alle zutiefst bewegte.

Nach der Verlegung der Umgehungsstraße war also nun die zweite von den verschiedenen hohen Mauern, die den Einzug nach „Kanaan" versperrten, gefallen. Gott hatte uns damit ein Angeld gegeben, daß Er Seine Verheißung der Jahreslosung 1957: „Siehe da, das Land, das vor euch liegt ..." noch völlig einlösen würde. Bei Israel dauerte der Wüstenweg 40 Jahre – wie lange würde er bei uns dauern? Nach diesen zwei Jahren sollte er noch nicht beendet sein – unser Glaube war noch nicht genug erprobt, wir noch nicht genug gedemütigt und bereitet, – dem großen Ziel „Land Kanaan" war solch kurzer Glaubensweg noch nicht entsprechend.

Damit, daß die Stadtverwaltung ihr „Nein" in ein „Ja" verwandelt und uns das Land als Interessengebiet zugesprochen hatte, war also „Kanaan" noch nicht in unserer Hand. Denn wie klein waren doch die paar Landstreifen, die wir einigen Besitzern inzwischen abgekauft hatten, gegenüber den großen Landflächen, die unerwerbbar schienen. Die nächste Schwierigkeit hieß: das Land Hessen, dem der größte Teil des Geländes gehörte. Wieder setzte ein langer Wüsten- und Glaubensweg ein. Es ging uns wörtlich wie den Kindern Israel, die auch in Wirklichkeit vielleicht nur wenige Wochen Wegs nach Kanaan gehabt hätten, doch die ganze übrige Zeit vor den Toren des ihnen verheißenen Landes warten mußten, indem sie hin- und herzogen, beinahe schon mit einem Fuß drin und doch wieder zurückgeschlagen.
So teilte uns nun ein maßgebender Herr der Regierung in entscheidendem Gespräch den unwandelbaren Entschluß mit, daß sie uns nie etwas von „Kanaan" verkaufen würden. Völlig zerschlagen traten Mutter Martyria und ich daraufhin den Heimweg an. Was nützte uns die an unserem Jahresfest 1957 von der Stadt Darmstadt gegebene Zusage, daß wir auf „Kanaan" Vorkaufsrecht hätten, wenn man uns kein Land verkaufen wollte? Weiter hörten wir von einer Seite, die Umgehungsstraße würde nun doch

durch unser Land gelegt, – damit schien aufs neue alles aussichtslos.
1957 - 1959! - Keiner kann wohl aussagen, was diese Jahre an tiefsten Anfechtungen, Nöten und einem Durchringen zu immer neuem Glauben für uns bedeuteten. Als wir schließlich, nachdem wir bis zum Ministerpräsidenten mit unserer Bitte vorgedrungen waren, das letzte einschneidende, schriftliche „Nein" der Landesregierung in unserer Hand hatten und damit versiegelt war, daß man uns nie Gelände verkaufen würde, schien endgültig alles aus.
In solcher Zeit tragen sich dann Wunder anderer Art zu, die nicht so leicht zu erzählen sind wie die Taten Gottes bei der Überwindung der Hindernisse für die Einnahme „Kanaans". Denn das sind die verborgenen und doch die eigentlichen Wunder, die sich an unseren Herzen vollziehen – durch Züchtigungen des Wartenmüssens und Demütigungen, vor allem dadurch, daß wir uns immer tiefer unter unsere Sünde zu beugen lernen, durch die wir dem Herrn so unsäglich viel Mühe und Arbeit machen. Gott selber gäbe das Erbetene gern schnell, doch muß Er es oft hinausziehen, damit wir dies Ihm geheiligte Land nicht unbereitet einnehmen und es mit unserem sündigen Wesen verderben.

VIELE WARTEN: WIE ENDET DER WÜSTENWEG – HÄLT DER GLAUBE DURCH?

So beugten wir uns in dieser Zeit viel unter den Schlägen und Züchtigungen Gottes, hielten jedoch dem Herrn weiter Seine Verheißungen vor mit der innigen Bitte, daß Er Seine Ehre nicht zuschanden werden lasse vor den Leuten. Denn Tausenden von Freundesbriefempfängern im In- und Ausland hatten wir bereits 1955 geschrieben, daß Gott verheißen habe, „Kanaan" uns als ein wahres Kanaan, als Land Seiner Verheißungen, als Königreich der Liebe zu geben. Viele Augen waren darauf gerichtet, ob Gott sich zu Seiner Verheißung stellen werde, ob solche Glaubensziele zu verfolgen seien, ob Gott solch kühnen Glauben wolle, ob auf solchen Glaubenswegen wirklich Seine Ehre groß und Sein Reich gebaut werde. Wir führten diesen Kampf also gleichsam als ein Schauspiel vor Himmel und Erde. Würde Gott Seine Verheißungen nicht einlösen, zu solchen Glaubenswegen nicht Sein Ja und Amen sprechen, fiele Unzähligen etwas für ihren Glauben an Verheißungen Gottes zusammen, und sie hätten nicht mehr den Mut, in ihrem Leben solche Glaubenswege zu gehen.

In dieser Zeit, in der eigentlich keine Hoffnung mehr bestand, zündete der Herr neue Hoffnungslichter an. Das Herz eines schon früher für uns eintretenden Mannes, des Bezirksdirektors von Eberstadt, Herrn Dächert, der Zugang zu führenden Stellen hatte, wurde angesichts dieser großen Not ganz neu für Gottes Sache entbrannt, so daß er unsere Anliegen zu den seinen machte. So sprach er fortan von „unserem Kampf" und setzte sich bis zum Letzten dafür ein, daß „Kanaan" unser werde. Außerdem erweckte der Herr plötzlich eines Tages einen der Pfarrer, die bei uns seit Jahren Gottesdienste hielten, den Leiter des Diakonischen Werkes unserer hessischen Landeskirche, sich auch für unsere „Kanaan"-Not zu interessieren. Seitdem setzte auch er sich in selbstloser Weise für „Kanaan" ein. Er sagte unserem damaligen Kirchenpräsidenten davon, der nun persönlich mit dem Ministerpräsidenten von Hessen über unser „Kanaan" sprach.

Doch auch trotz dieser Hoffnungslichter fielen die Hindernisse noch monatelang nicht. Aber der Herr zeigte uns wenigstens dadurch, daß der Glaubensweg weitergehen und also auch zum Ziel führen würde, denn: „Was Gott sich vorgenommen und was Er haben will, das muß doch endlich kommen zu Seinem Zweck und Ziel." Immer wieder neu rangen wir uns im Angesicht der Absagen durch, uns auf Gottes Verheißungen, die Er so vielfach für diesen Weg gegeben hatte, zu stellen und sie Ihm im gläubigen Vertrauen vorzuhalten.

DAS „HERNACH" DER GUTE GOTTES

Doch dann nahte die Stunde Gottes: Der hohe Regierungsbeamte, dessen eisernes „Nein" ein Hauptbollwerk war, das uns nicht nach „Kanaan"

hinein ließ, war auf einen anderen Posten gekommen.
Mitte Februar 1959 – wieder stand ein Jahrestag der Marienschwesternschaft bevor – diesmal unser 12. Geburtstag. Es kam der letzte Arbeitstag der Behörden vor Ostern und damit vor dem 30. März. Da klingelte das Telefon, ein Regierungsbeamter fragte nach der Schwester, die die Grundstücksverhandlungen führte, und die Pfortenschwester erzählte später: „Mein Herz schlug vor Erregung, als ich neben ihr stand. Schwester Anita winkt, hält die Hörmuschel einen Augenblick zu und stößt hervor: ‚Glocke läuten!' – denn der Regierungspräsident hat die Genehmigung für den Abschluß des Kaufvertrags unterschrieben." Damit war „Kanaan" weithin unser. Welch ein Geburtstagsgeschenk des Vaters im Himmel wieder zum Jahrestag der Marienschwesternschaft!
In den letztmöglichen Bürostunden vor dem 30. März war der Entscheid gefallen, daß das langerbetene, erlittene und erkämpfte staatliche Gelände auf „Kanaan" in unseren Besitz kam. Es hatte sich erfüllt, was in schwersten Stunden mein Glaubensanker gewesen war: Gott führt in die Wüste, um demütig zu machen, auf die Probe zu stellen, damit Er uns zuletzt Gutes erweisen könne (5. Mose 8,16).
Uns alle trugen unsere Knie kaum mehr, als wir diese Nachricht vernahmen, denn es war wohl nach dem 30. März 1957 die größte Erschütterung ob Seiner Wunder, die unser Haus erfahren

hatte. Es dauerte eine Weile, bis wir uns so gefaßt hatten, das „Nun danket alle Gott" anzustimmen. Ja, für alle, die nur ein wenig den Weg nach „Kanaan" verfolgten, ist bis auf diesen Tag kaum zu begreifen, was Gott hier getan hat.
War doch außer dem Wunder mit dem staatlichen Gelände auch das andere geschehen, daß die Einzelbesitzer, die anfangs nicht zum Verkauf zu bewegen waren, nun nahezu alle eingewilligt hatten. Ja, wo wir vorher oft monate- und jahrelang immer neue vergebliche Bittgänge gemacht hatten, hatte Gott dann so eingegriffen, daß eine ganze Reihe von ihnen selbst zu uns kam und die Äcker anbot, so daß „Kanaan" dann 1963 wirklich ganz unser war.

„KANAAN" – DAS LAND ZUR VERHERRLICHUNG GOTTES

Was sehen wir nun nach einem guten Jahrzehnt Kanaangeschichte? „Kanaan" ist wirklich das Land der sichtbar gewordenen Wunder Gottes. Gehen wir hinter unserem Mutterhaus in entgegengesetzter Richtung von „Kanaan" durch den Wald, so finden wir dort jetzt, ganz nahe an der Straße gelegen, die amerikanische Offizierssiedlung, die damals nach dem Modell auf unserem Land erbaut werden sollte. Die breite, mehrspurige Autostraße, die eigentlich das Land durchschneiden sollte, verläuft nun westlich im Wald. Nach Süden hin dehnen sich große neue Wohnsiedlungen, die zum Teil auch auf dem Kanaan-

gelände geplant waren. Inmitten aber liegt – von Gottes Hand wundersam ausgespart, „Kanaan", das inzwischen seine äußere und geistliche Gestaltung erfahren hat, mit seinen verschiedenen Häusern.
Da steht zunächst der große Bau der Jesu-Ruf-Kapelle, die bis 1000 Sitzplätze faßt und am 14. Mai 1961 eingeweiht wurde. Seitdem hören in den Sommermonaten viele Tausende von Menschen die Botschaft in den Ruferspielen, werden sie in den Festen und Feiern mit hineingenommen in das Leben „Kanaans", die Verherrlichung Gottes.
Gegenüber der Jesu-Ruf-Kapelle liegt am Waldrand das Rüstzeitenhaus „Jesu Freude", 1958 mit 50 Einzelzimmern erbaut, das schon längst zu klein wurde und eine Erweiterung im Haus „Gottesgüte" fand, einem früheren Hotelbau jenseits des Mutterhauses, der – auch auf Wegen wunderbarer Gebetserhörung – erworben werden konnte.
Weiter steht auf „Kanaan" das Franziskushaus, zunächst für den Dienst der Barmherzigkeit erbaut. Nachdem seine Enge die Pflegebedürftigen nicht mehr fassen konnte, übernahm das Margarethenhaus diesen Dienst, und das Franziskushaus ist jetzt Herberge der 1967 entstandenen Kanaan-Franziskus-Bruderschaft. Daneben finden wir ein zweites kleines Gästehaus, „Beth Zion", das oft auch unseren jüdischen Freunden zur Herberge dient. Unweit davon steht unser Pfarrhaus „Gottestreue" für unseren Kanaanpfarrer

und seine Frau, die mit uns den Glaubensweg im Vertrauen auf die Vatergüte Gottes gehen. Das Haus „Jesu Trost" am südlichen Waldrand ist die Heimat unserer Dornenkranz- und Dornenschwestern *, wie auch der Kanaangeschwister, die aus dem Kreis unserer Kanaanfreunde zu uns gekommen sind. In dem dazugehörigen Haus „Jesu Sieg" wohnen unsere Kanaanhelfer, die im Anteilnehmen an Leben und Dienst auf Kanaan für Wochen oder Monate sich für ihr Christsein heute stärken lassen. Für den Strom der Kurzgäste aus aller Welt entstand am Eingang Kanaans das Haus „Bethabara".

Wahrlich, in all diesen Häusern kann man der Aufforderung nachkommen: „Singet dem Herrn ein neues Lied, denn er tut Wunder!", denn alle Menschen, die dort einkehren und wohnen, sind ja im Land erfüllter Verheißungen, in diesem Land vieler Wunder Gottes, und werden mit erfaßt von unserem Gott und Vater, der heute Wunder tut.

Und sieht man über das weite Land, so bemäch-

* Die „Dornenschwestern" gehören zu uns Marienschwestern als solche, die wegen Alter, Ehe oder Berufsverpflichtung nicht innerhalb unserer Schwesternschaft, sondern an ihrem jeweiligen Platz unsere Sendung ausleben wollen.
„Dornenkranzschwestern" nennt sich der Kreis derer unter ihnen, die sich zum gemeinsamen Leben mit uns auf „Kanaan" zusammenfanden.
„Kanaanfreunde" – in loser Verbindung mit uns – wollen sich ebenfalls mit in den Auftrag unserer Sendung stellen und kommen in einer Reihe von Städten zu „Kanaanfreundeskreisen" zusammen.

tigt sich unser ein neues Staunen: Es mußte doch alles angekaufte Gelände von 90000 qm neben den zu erstellenden Bauten oft zur gleichen Zeit bezahlt werden. Wie waren die großen Summen für die Häuser und Äcker „Kanaans" zusammengekommen in dunkelsten Stunden bei täglich neu leerer Kasse? Nur auf Wunderwegen Gottes.

„Kanaan" – was schließt es nun alles ein! Einen „Leidensgarten Jesu" mit Stätten der Stille und der Anbetung, die Gottes größte Wundertat – das Opfer Jesu und Seine Erlösung durch Sein Leiden, Sterben und Auferstehen – verherrlichen. Und auf „Kanaan" liegt ein „Berg der Seligpreisungen" am Ufer des kleinen „Sees Genezareth", dessen Wasser ein Zeugnis dafür ist, wie Gott im dürren Land Wassers die Fülle schenken kann. Ein VATER-Brunnen sprudelt und ein „Jordan" fließt – das alles sind Zeichen der Wundertaten Gottes, deren Berichte einen zweiten Band „Realitäten" ergäben.

Wunderland „Kanaan" – da verwundern wir uns heute nicht mehr, daß Gott uns das Land „Kanaan" so teuer durch dunkle Glaubenswege und Proben erwerben ließ, denn nun sehen wir, daß es Reich-Gottes-Land ist. „Kanaan" – so viele Tränen in seine Erde hineingeweint wurden in harten Glaubenskämpfen, auf schweren Geduldswegen, durch viel Gezüchtigt- und Gerichtetwerden, so viel darf es nun ein Land sein der Freude und Festgesänge, des Anbetens und der Freudenreigen. So viel darf es nun ein Land

sein, darin der Vater gepriesen wird, der am Ende des Weges Gutes tut, der Wege des Glaubens in einem Schauen, der Wege der Wüste in einem „gelobten Land" enden läßt, der Wege der Anfechtungen krönt mit einer Frucht sondergleichen. Die Glaubens- und Wüstenwege nach „Kanaan" sagen eines aus: Je mehr gebetet, geglaubt und gelitten werden muß, um so mehr schenkt der Vater und um so Überwältigenderes dürfen wir zum Schluß der Glaubenswege von Seiner Wundermacht, Seiner Herrlichkeit, Seinem Wohltun schauen und bezeugen, um so größere Wirkungen für Sein Reich gehen aus.
„Kanaan – Königreich der Liebe", möge es das sein und immer mehr werden in dieser letzten schweren Zeit, zur Verherrlichung des Vaters, des Sohnes und des Heiligen Geistes.

Siehe Seite 215: Kanaan heute

GOTT OFFENBART SEINE WUNDERMACHT NACH GLAUBENSGEBET IN UNMÖGLICHKEITEN

„ICH WILL WUNDER TUN!" BAUGESCHICHTE EINER LOBPREISKAPELLE

Da liegt in der Schweiz bei Spiez am Thuner See ein lieblicher Ort – Aeschi, und oberhalb desselben – etwas abseits von der Straße nach Aeschiried, nur von verstreuten Gehöften umgeben – steht auf einer Wiese unter einem hohen Ahornbaum eine kleine Kapelle. Es ist unsere erste Lobpreiskapelle, die hier mit ihrem spitzen Türmchen hinunter zum Thuner See und hinauf zu den umliegenden Bergen grüßt. Und die überwältigende Schönheit der Natur lädt jeden dazu ein, dem Vater im Himmel hier Lobpreis zu bringen. Im Inneren der Kapelle ruft ein buntes Tonmosaik an der Altarwand, von einer Schwester gearbeitet, mit seinen Worten: „Singet, rühmet, lobet, jauchzet dem Herrn alle Lande!" alle

auf, den Herrn zu preisen. Und über der Tür leuchtet in großen Buchstaben das Wort: „Ich will Wunder tun, und alles Volk soll sehen des Herrn Werk!" Denn diese kleine Kapelle hat wahrlich eine wunderbare Baugeschichte, die von dem Gott aussagt, der heute Wunder tut.
Das wurde kund am Himmelfahrtstag 1962, dem Einweihungsfest dieser von Gott erbetenen Lobpreiskapelle, wozu einige hundert Menschen von allen Richtungen herbeiströmten, sich auf dem Platz davor drängten und in der kleinen Kapelle saßen. Was lockte so viele Menschen zur Einweihung solch einer kleinen Kapelle? Sie alle wollten das Wunder mit Augen sehen, das von Mund zu Mund weitergesagt worden war: eine Kapelle, die in dreieinhalb Wochen erbaut wurde. Ein Bauer meinte zu einer unserer Schwestern, daß, wenn Gott dies Wunder getan habe, Er ihm wohl auch helfen würde, wenn er jetzt ins Spital müsse, und wir sollten dafür auch wie für die Kapelle beten!
So hat dieser Bau eine Gottesgeschichte, und der Weg dazu begann schon 1956. Damals schrieb ich während eines Aufenthalts in Aeschi meinen Töchtern von dem Schmerz, der mich ganz neu erfaßt hatte, daß unserem Vater und Schöpfer so wenig Lobpreis und Dank gegeben wird. Das entzündete die Herzen der Schwestern, als Lobpreisschar dort, wo die Schöpferherrlichkeit so verschwenderisch ausgegossen ist, dem Schöpfer Preis und Ehre zu bringen – Ihm eine kleine Lobpreiskapelle zu bauen. Doch wie unmöglich

schien dies für uns! Und dann wurde es tatsächlich wahr: Eine Schwesternschar wurde 1961 zum Dienst der Ruferspiele nach Basel, Zürich und Bern gebeten und fuhr dann weiter als Lobpreisschar nach Aeschi. Noch im Herbst desselben Jahres wurden die ersten Schritte zur Erwerbung eines Grundstücks für die Kapelle getan mit dem brennenden Anliegen im Herzen: Gott muß verherrlicht sein!
Und Gott antwortete, indem Er uns nach einigem Hin und Her ein Grundstück finden ließ und einen tüchtigen und lieben Architekten, der, von dem Lobpreisauftrag selber entzündet, in selbstloser Weise uns die Baupläne machte und uns in allem zur Seite stand! Himmelfahrt 1962 könne Einweihung sein – so sagte er uns, denn maßgebende Herren der zuständigen Behörde hatten uns mündlich zugesichert, daß dem Kapellenbau auf diesem Grundstück nichts im Wege stünde. Und voll Freude machten wir diesen Einweihungstermin unseren Freunden schon im Rundbrief Ende des Jahres 1961 bekannt, damit sie sich in ihren Ferienplänen danach einrichten könnten.

SCHLAG AUF SCHLAG · UNMÖGLICHKEITEN LEGEN DAS FUNDAMENT

Doch dann folgte ab Januar 1962 ein Schlag nach dem anderen – als erstes wie ein Blitz aus heiterem Himmel die Ablehnung unseres Baugesuchs mit der Begründung, daß keine dringende Notwendigkeit zur Errichtung einer Kapelle vorliege, besonders, da wir Ausländer seien. Hatten schon zur Zeit Jesu Seine Jünger die 300 Groschen der Maria von Bethanien für die Salbe, mit der sie Jesus wohltat, eine Vergeudung genannt, so konnte man auch hier den Auftrag, Gott solch besondere Lobpreis-Stätte der Anbetung und der Liebe zu Ihm zu errichten, nicht verstehen. Auch ging ein Gerücht in Aeschi um, daß wir eine Sekte seien. Das erste „Unmöglich" für den Kapellenbau stand vor uns. Gott fing an, wenn auch anders, als wir gedacht hatten, unsere Gebete zu erhören. Denn wie sollten anders Gottes Größe und Herrlichkeit als Herr und Schöpfer vor den zum Teil gottentfremdeten Menschen aufleuchten, die in großen Scharen als Feriengäste dorthin kommen, und sie zum Lobpreis entzünden, als wenn sich Gott als der lebendige Herr erweist, der heute Wunder tut? Doch Gott kann nur Seine Wunder tun, wenn Er uns vor menschliche Unmöglichkeiten stellt, die uns aufrufen, nun an Seine Macht zu glauben, auf daß Er sie erzeige und Ihm dann später von den Besuchern dieser Kapelle über Seinem Tun Ehre und Lobpreis werde.

Er erhörte weiter unsere Gebete, daß diese kleine Kapelle voll Seiner Herrlichkeit werde, indem Er sie, ehe sie erstand, schon mit Schmach bedeckte nach dem Wort Gottes, daß der Geist der Herrlichkeit sich da niederläßt, wo wir geschmäht werden (1. Petr. 4,14). Dabei tröstete uns die Gewißheit: Wenn der Lobpreis, die Ehrung Gottes dort nie enden sollten, dann mußten in das Fundament der Kapelle auch Demütigung und Schmach eingebaut werden, auf daß nachher aus zerschlagenen Herzen Gott der echte Lobpreis gebracht werde. Und solche Schmach erlebten wir, als im Februar auf Anraten von amtlicher Seite hin ein Schweizer Freund das Grundstück kaufen wollte. Wir wurden der Spekulationskäufe im Ausland und damit des Betrugs bezichtigt, und dies falsche Gerücht zog dann mitsamt dem, daß wir eine Sekte seien, durchs Land.
So stand scheinbar der Entschluß fest: Hier in Aeschi wird der Marienschwesternschaft nie die Erlaubnis gegeben, eine Kapelle zu erbauen. Doch im Angesicht dieses „Unmöglich" bekamen wir vom Herrn beim Gebet über diese Not die Losungsworte:

„Heiligt euch, denn morgen wird der Herr ein Wunder unter euch tun" (Jos. 3,5), und
„Gehe hin, dir geschehe, wie du geglaubt hast" (Matth. 8,13).

Diese Aufforderungen des Herrn trafen uns ins Herz. Jede Schwester gab sich neu zu dem „Heiligt euch!" hin, im Alltag unter dem Kreuz und den kleinen Widerwärtigkeiten Gott Lobpreis zu bringen, auf daß unser Lob dann in der Kapelle ein echtes sein könnte. Und an den nächsten Abenden glich unser Zionssaal einem geistlichen Schlachtfeld. Die ganze Schwesternschar betete für die Kapelle im Glauben an Sein Wort, daß der Herr ein Wunder tun und das „Nein" der zuständigen Stelle in ein „Ja" verwandeln werde.

IM DENNOCH DES GLAUBENS AM HIMMELFAHRTSTERMIN FESTHALTEN!

Doch als Antwort auf unser Beten und Glauben bekamen wir von unserem Architekten die Nachricht, daß der Einweihungstermin hinfällig geworden sei, denn nur noch ein Berufungsverfahren oder die Gründung eines Vereins von Schweizer Freunden der Marienschwesternschaft könne vielleicht die Erlaubnis bringen, in Aeschi eine Kapelle zu erbauen. Auf diesem Weg dauerte es aber noch Monate, bis eine Entscheidung gefällt würde, und es sei unter diesen Gegebenheiten ganz unmöglich, mit dem Himmelfahrtstermin zu rechnen. Sollten wir nun im Dennoch des Glaubens an dem Einweihungstermin von Himmelfahrt festhalten oder ihn absagen? Letzteres hieße, daß ein Jahr für den Lobpreisauftrag dieser Kapelle verloren ginge, ein Jahr, das angesichts eines drohenden Atomkrieges, der ja die Natur verheeren wird, so kostbar ist. Wir beteten lange, und Gott gab innere Gewißheit, daß Er die Kapelle zu Himmelfahrt erstehen lassen wolle, und als Bestätigung das Losungswort:

> „Gedenke, Herr, an David und an all sein Leiden, der dem Herrn schwur und gelobte dem Mächtigen Jakobs: Ich will nicht in die Hütte meines Hauses gehen noch mich aufs Lager meines Bettes legen, ich will meine Augen nicht schlafen lassen noch meine Augenlider schlummern, bis ich eine Stätte finde für den Herrn, zur Wohnung dem Mächtigen Jakobs" (Psalm 132,1-5).

So forderte Gott uns auf, für die Erstellung Seines kleinen Heiligtums bis Himmelfahrt zu eifern, und ein verstärkter Gebetskampf setzte in der Schwesternschaft ein, indem wir uns fest an die Zusagen Gottes hielten.

Und dann kamen im März Schweizer Freunde zur Gründung des „Vereins der Schweizer Freunde der Marienschwesternschaft" zusammen. „Du hast meine Klage verwandelt in einen Reigen" (Psalm 30,12), – so hieß das Losungswort, das der Herr für diese Gründung gab. Und ein Hoffnungslicht leuchtete damit auf. Doch das „Zu spät" grinste uns menschlich gesehen an, zu spät, daß die Kapelle noch bis zum 31. Mai erbaut würde. Wollte uns das Gott nicht auch durch die weiteren Tatsachen sagen, wenn in den folgenden Wochen uns die Nachrichten erreichten wie: daß die Genehmigung des Kaufvertrags für das Grundstück sich hinauszögerte, weil der maßgebende Herr verreist war – daß das einzige Baugeschäft, welches zugesagt hatte, sich zurückzog – daß eine maßgebliche Persönlichkeit des Vereins auf Veranlassung einer übergeordneten Stelle zurücktreten sollte, wodurch die weiteren Entschließungen gestoppt wären?

Dabei war es bereits Mitte April geworden – sechs Wochen vor dem Einweihungstermin. Und mit jeder Woche, die wir dem Einweihungstermin näher kamen, wurde das „Unmöglich" zur Erstellung der Kapelle noch größer – das Glauben immer schwerer. In dieser Zeit sollte nun gerade der Osterrundbrief an unsere Freunde herausgehen. Also mußten wir nun doch von dem im Herbst bekanntgegebenen Einweihungstermin an Himmelfahrt ablassen und das allen mitteilen – so sagte uns unsere Vernunft. Nur tief im Herzen trugen wir eine andere, von Gott gegebene Gewißheit, daß der Herr die Kapelle zu Himmelfahrt als ein Wunder Seines Eingreifens erstehen lassen würde. In diesen notvollen Fragen und Anfechtungen flehten wir zum Herrn und bekamen die Worte:

„Ihr aber seid getrost, tut eure Hände nicht ab, denn euer Werk hat seinen Lohn" (2. Chron. 15,7), und

„Er wußte aufs allergewisseste, daß, was Gott verheißt, das kann er auch tun" (Röm. 4,21).

Gott wollte uns einprägen: Glauben heißt Menschenunmögliches von Gott erwarten; Glauben heißt nicht mit menschlichen Gegebenheiten und Unmöglichkeiten rechnen, sondern mit dem lebendigen Gott und Seinem Tun. Glauben heißt

an Seinem Wort festhalten, und wenn unsere Vernunft auch zehnfach im Angesicht der vor uns liegenden Tatsachen ein „Nein" sagt. Und Glauben heißt um der Ehre Gottes willen unverrückt an Seinen Verheißungen festhalten. Denn ging es nicht um Gottes Ehre? Wie vielen hatten wir im Gespräch und schriftlich beteuert, daß Gott zu Seiner gegebenen Verheißung stehe und Gebet erhöre, daß darum die Kapelle bis Himmelfahrt erbaut sei. Alle diese Menschen würden in Zweifel geraten.
So gaben wir dann im Dennoch des Glaubens, während die ganze Schwere der Verantwortung auf uns lag, den Osterrundbrief mit der Einladung zur Einweihung der Aeschi-Lobpreiskapelle an unsere 6000 Freunde und Beter im In- und Ausland sechs Wochen vor Himmelfahrt heraus, obwohl wir noch nicht einmal die Genehmigung zum Kauf des Grundstückes, geschweige denn eine Bauerlaubnis für die Kapelle hatten!
Kurz nachher bekamen wir dann die Nachricht, die Berner Regierung habe den Kaufvertrag des Schweizer Vereins genehmigt und schon zuvor den Entscheid gefällt, daß es nicht recht war, dem einzelnen Schweizer Freund den Grundstückserwerb zu untersagen, und daß man uns zu Unrecht beschuldigt habe. Jeden Tag könne die Baugenehmigung kommen.

Fiebernd, schier Stunde um Stunde warteten wir nun auf das ersehnte Telegramm „Bau begonnen" – fest mit Gottes Wort und Zusage rechnend: „Was er verheißen hat, wird er auch tun", und so wird Er die Kapelle als ein Wunder Seiner Gnade in diesen sechs Wochen noch erstehen lassen. Aber das Telegramm kam nicht. In dieser größten Not bekamen wir das überwältigende Wort der Zusage Gottes: „Und Gott sprach: Siehe ich will einen Bund machen vor allem Volk und will Wunder tun ... und alles Volk soll sehen des Herrn Werk" (2. Mose 34,10).

Doch trotz dieser Verheißung kam in den folgenden Tagen keine Nachricht aus der Schweiz, die Anfechtung wollte uns schier verschlingen. Hatten wir uns geirrt? War es falsch, an den Verheißungen festzuhalten? Nun war der Einweihungstermin so vielen Menschen durch den Osterrundbrief bekanntgegeben, die Ruferspiele in der Schweiz, die unmittelbar vorher und hinterher lagen, angesagt und von den Gemeinden öffentlich bekanntgegeben. Dazu waren der Omnibus für eine Lobpreisgruppe aus Deutschland gemietet und Quartiere für 70 Menschen zur Einweihung ausgemacht. Doch für die Kapelle war, nun fünf Wochen vor dem Einweihungstermin, noch immer nicht die Baugenehmigung da und noch kein Spatenstich gemacht.

Und dann – nur noch vier Wochen vorher – kam der 30. April, ein uns unvergeßlich dunkler Tag.

Da erhielten wir die Nachricht aus der Schweiz, daß nun endgültig alles aus sei. Uns war zumute, als hätten wir einen lieben Menschen begraben, denn wir hatten eine Verheißung Gottes begraben, da unser Architekt schrieb, mit einer Baugenehmigung sei in absehbarer Zeit nicht zu rechnen. Er legte den Durchschlag eines Briefes an ein Baugeschäft bei, darin er als Termin für den Baubeginn Ende Mai vorschlug, den Termin, an dem doch die Einweihung sein sollte.

Gott war am Werk, nun tatsächlich Seine Kapelle zu einer kleinen Wunderkapelle zu machen auf dem Weg Gideons, dem Er auch Stück für Stück alle Voraussetzungen nahm, die menschlicherweise nötig waren, um das von Gott verheißene Ziel zu erlangen: Seine Ehre groß zu machen. So machte Er auch uns bar aller menschlichen Möglichkeiten, damit wir im Gebet und Glauben nur noch Hilfe von Gott erwarten konnten und vor allen Menschen offenbar würde: Gott allein hat die Kapelle zum Erstehen gebracht, auf daß dann wirklich Ihm allein als dem großen Herrn und Schöpfer Ehre und Lobpreis werde, wofür wir die Kapelle Ihm bauten und was wir so heiß erflehten.

DIE GROSSE WENDE · SEIN WUNDERTUN VOR ALLEM VOLK

Es war am 3. Mai. Zwei Schwestern sprachen noch einmal bei der Regierung in Bern vor wegen der schriftlichen Widerrufung der Bauablehnung, um damit endlich bei der zuständigen Bezirksstelle die Bauerlaubnis zu bekommen. Währenddessen hatten wir im Mutterhaus einen Glaubensabend wie selten, an dem der Heilige Geist uns mitten im Dunkel und angesichts aller Unmöglichkeiten neu zu einem festen, frohen Glauben an Seinen Sieg entzündete: Die Kapelle ersteht bis Himmelfahrt. Unsere Schwestern bekamen zwar das nötige Schriftstück nicht, doch dann – in der Stunde, als Gott durch das Anwachsen der Nöte das „Unmöglich" auf die Spitze getrieben hatte, dreieinhalb Wochen vor dem festgesetzten Einweihungstermin – kam die Wende. Es geschah das Unfaßbare, daß der Beamte, der trotz rechtlicher Möglichkeit all die Monate bisher noch keinen Weg gesehen hatte, den Bau zu genehmigen, nun plötzlich, ohne die schriftlichen Unterlagen der Baubehörde in Händen zu haben, die mündliche Bauerlaubnis gab. Der Weg war frei – doch zu spät? Wohl, nach menschlichem Ermessen – denn in dreieinhalb Wochen sollte ja die Einweihung sein – aber nicht zu spät für Gott. Denn nun wollte Er Sein Verheißungswort einlösen: „Ich will Wunder tun, und alles Volk soll sehen des Herrn Werk."

Plötzlich war ein Baugeschäft bereit, umgehend

mit der Bauarbeit anzufangen, Überstunden zu machen; ja, man sagte uns zu, in der kurzen Zeit bis Himmelfahrt die Kapelle „einweihungsfähig" zu erstellen. Eine Fabrik, die sonst zwei bis drei Monate Lieferzeit für Schindeln hatte, war bereit, sie in den nächsten Wochen zu liefern, ein Zimmermann fand sich, in Eile das Dach zu richten. Es war, als ob alles nur auf unsere Aufträge für die Lobpreiskapelle gewartet hätte, während vorher, als noch etliche Wochen Zeit bis Himmelfahrt waren, das andere Baugeschäft wegen der zu knappen Zeit abgesagt und alle von monatelangen Lieferterminen gesprochen hatten.

Ein großes Jauchzen brach bei uns an über Gott-Vater, der alle Seine Verheißungen eingelöst hat, die Er uns jemals in aussichtsloser Lage gegeben hat. Es war wahr geworden: „Was Gott verheißt, kann er auch tun", und das andere: „Dir geschehe nach deinem Glauben" und „Heiligt euch, denn morgen wird der Herr ein Wunder unter euch tun", als die Kapelle nun, in wenigen Tagen – unter Mithilfe zweier Schwestern – hochgemauert, am Himmelfahrtstag gerüstet und geschmückt dastand.

Seit diesem Tag kommen von überall her die Menschen herzu. Es beginnt sich zu verwirklichen, wozu diese Kapelle geweiht ist: der nie endende Lobpreis hebt an. Viele, viele möchte sie dazu anziehen. Denn die Kapelle wird reden, wie Jesus sagt, daß die Steine schreien werden, wenn wir so viel stumm bleiben und Gott nicht oder zu wenig Ehre und Lobpreis geben, ja, wenn wir anstatt dessen Menschen die Ehre zukommen lassen. Sie wird reden, wie groß und allmächtig der Herr ist, der heute Gebete erhört und zu Seinen Verheißungen steht, der heute Wunder tut und ein großer Schöpfer ist – denn die Kapelle steht ja durch dieses allmächtige Wort Gottes, der „gebeut und siehe, es stehet da!" – ein Losungswort, das wir auch in dunkler Stunde für ihren Bau bekommen hatten. Nun darf die Kapelle selbst inmitten der großen Schöpferherrlichkeit auch ein Zeichen für Seine Allmacht sein sowie ein Rufer zu Gott dem Vater und unserem Herrn Jesus Christus für die vielen, die sie besuchen werden.

Ja, als ein Wunderzeichen Gottes steht die Aeschi-Lobpreiskapelle da. Gott hat aus Weinen das Loben und Jauchzen gegeben, aus den Wegen der Schmach Seine Herrlichkeit aufleuchten lassen. Und aus lauter Unmöglichkeiten hatte Gott die Kapelle dennoch werden lassen, um zu zeigen, wer Er ist. So muß die Tatsache ihres Daseins, das sie nur Gottes wunderbarem Walten und allmächtigem Tun zu verdanken hat, von dem in der Kapelle auch zu lesen ist, nun jeden, der zu ihr kommt, von selbst auf diesen Gott, der Wunder tut, weisen.

NACHWORT

Alle diese Berichte künden von der einen Wahrheit: „Gebet ist eine Macht." Menschen des Gebets sind unüberwindbar, sie sind von keinem Angriff des Feindes, von keiner Not, keinem Widerstand und sonstigen Schwierigkeiten im Leben zu fällen, weil sie die beste Waffe zum Sieg in den Händen tragen. Ja, mit dem Gebet ist ihnen der Schlüssel zum Herzen des Vaters gegeben.

So mögen uns diese Berichte vielleicht Anschauungsmaterial für eine kleine Schule des Bittgebetes geben, denn sie zeigen an der Praxis des Lebens auf, wie Gott in großer Liebe Seine Menschenkinder mit der Gabe des Gebets beschenkt, auf daß wir nicht in irgendeiner Not und Ausweglosigkeit allem Schweren preisgegeben sind, sondern uns immer Hilfe zuteil werden kann, weil das Gebet jede Lage, Menschenherzen und Dinge verwandelt.

Nun geht es also darum, diese Gabe und Waffe zu gebrauchen, sonst sind und bleiben wir dennoch der Notlage preisgegeben. Die Berichte geben davon Zeugnis, daß, so lange diese Waffe des Gebets nicht gebraucht wird, sich an den Nöten nichts ändert in den verschiedensten Schwierigkeiten und man in Ausweglosigkeit keine Lösung erfährt, denn dem ist nur Verheißung für Hilfe gegeben, der da bittet, – „Bittet, so werdet ihr nehmen" (Joh. 16,24), sagt Jesus. Doch ist es noch nicht genug, daß die Waffen des

Gebets gebraucht werden, sondern sie müssen recht gebraucht werden. Das zeigt wiederum die Praxis des Lebens in den verschiedenen Berichten. Das Gebet an und für sich bringt also noch nicht die Hilfe mit sich, nur das rechte Gebet hat Verheißung. Diese biblische Wahrheit erfuhren auch wir so oft in all den großen und kleinen Nöten und Schwierigkeiten: Beteten wir nicht recht, kam auch keine Hilfe, keine Erhörung.

Gott bindet sich an Sein Wort und erhört nur solche Gebete, denen Er Erhörung zugesagt hat, weil sie Seinem Willen entsprechen. So kommt es also darauf an, daß wir lernen, in welcher Weise wir zu beten haben und in welcher Lage die verschiedenen Arten des Gebetes anzuwenden sind. Keine Schule ist jedoch so wirksam wie die des Lebens, von der hier berichtet wurde.

Welche Gebete sind es nun, auf die es Gott ankommt und denen Er Erhörung zugesagt hat? Oder anders ausgedrückt, welche Gebete haben keine Verheißung, Erhörung zu finden, und sind darum wie eine stumpfe Waffe, die keine Macht hat und nichts ausrichtet? Welches Gebet hat keine Vollmacht?

GEBETSHINDERNISSE

In einer Schule des Gebets heißt es als erstes, klar die Gebetshindernisse, die uns die Heilige Schrift aufzeigt, ins Auge zu fassen. Sie sagt uns die entscheidende Wahrheit, daß – wenn Gott nicht erhört – unsere unbereute Sünde im Wege stehen und ein Hindernis bilden kann. „Seine Ohren sind nicht hart geworden, daß er nicht höre, aber eure Untugenden scheiden euch und euren Gott voneinander, und eure Sünden verbergen sein Angesicht vor euch, daß ihr nicht gehört werdet" (Jes. 59,1 u. 2). Das Neue Testament nennt uns einige der Sünden, die solche Gebetshindernisse sind, beim Namen, beziehungsweise sagt, was unbedingt Voraussetzung zum Gebet ist, so daß also die Nichterfüllung das Gebet hindert. Dazu gehört vor allem die Übertretung der Zehn Gebote nach der Auslegung Jesu in der Bergpredigt. Es sind dies etwa: Nichtvergebenwollen (Matth. 6,15), Zorn, Zweifel (1. Tim. 2,8), alles sinnliche, leidenschaftliche Wesen (1. Petr. 3,7; 4,8a), Nicht-Bekennenwollen unserer Sünde voreinander (Jak. 5,16), Geiz und Habsucht, denn „Gebt, so wird euch gegeben, ein voll, gerüttelt, überfließend Maß" (Luk. 6,38), irdischer Sinn, denn „Trachtet am ersten nach dem Reich Gottes und nach seiner Gerechtigkeit, so wird euch solches alles zufallen" (Matth. 6,33).

Doch jetzt taucht die Frage auf: Wer kann dann erhörlich beten? Wer kann sagen: „Was wir irgend bitten, empfangen wir von ihm, weil wir seine Gebote halten und tun, was vor ihm gefällig ist" (1. Joh. 3,22)? Wer kann sagen, daß er zu den Gerechten gehört, von denen die Heilige Schrift sagt: „Die Augen des Herrn sehen auf die Gerechten, und seine Ohren hören auf ihr

Schreien" (Ps. 34,16; Jak. 5,16b)? Mit diesen Gerechten meint Gottes Wort wahrlich nicht die Sündlosen, denn die gibt es nicht, es meint im Gegenteil die Sünder, das heißt solche Menschen, die über ihre Sünde voll Reue sind und darum in der Buße, der Umkehr stehen. Und diese werden nicht verharren in Nichtvergeben und Bitterkeit, sondern hingehen und sich versöhnen. Sie werden nicht in Sünden und Sinnenlust bleiben, sondern von solchen Wegen umkehren. Solche werden nicht aus Geiz alles festhalten, sondern bereit sein herzugeben, und es wird ihnen gegeben werden.
Gebetshindernis ist also unbereute und ungebeichtete Sünde, von der man sich nicht scheiden will. Doch wo vergebene Sünde uns aus einem gebeugten, reuevollen Herzen beten läßt, hat dies nach der Schrift ja gerade Verheißung wie das Gebet des Zöllners (Luk. 18,13 u. 14). Bei den vorliegenden Berichten sehen wir immer wieder als Erfahrungstatsache, daß Gott Bitten, gegen die Er vorher Seine Ohren hart zu machen schien, plötzlich erhörte, wenn zum Beispiel Schwestern, die vorher untereinander lieblos oder unversöhnlich waren, anfingen sich zu beugen. Gott tut uns genau nach dem, was Er in Seinem Wort gesagt hat.
Gott hat sich aber nicht nur bei den Gebetshindernissen an Sein Wort gebunden, sondern auch im Blick auf die bestimmten Gebetsarten, für die Er besondere Zusagen gegeben hat. Was hängt also davon ab, daß wir die Gebetsarten

lernen, denen Gott Seine Erhörung zusagt! Solche Gebetsmöglichkeiten sollten wir darum ergreifen, denn damit haben wir Macht an Gottes Thron und können Seinen Arm bewegen.

GEBET DES GLAUBENS

Als erste Gebetsart, die Verheißung hat, nennt die Schrift das Gebet des Glaubens. Ja, Jesus zeigt uns, daß die Erhörung unserer Gebete geradezu daran gebunden ist, ob sie im festen Glauben geschehen. Hier gilt das Wort: „Euch geschehe nach eurem Glauben" (Matth. 9,29). Gott erwartet einen kühnen Glauben, der Berge versetzt. Solch kühnes Glaubensgebet schließt aber ein Glaubenswagnis in sich, das im Gehorsam getan werden muß. So wagt Abraham, auf einen Befehl Gottes hin den Glaubensschritt zu tun und nach Kanaan auszuwandern, ohne zu wissen, ob er dort eine Heimat findet. Weil er Gottes Weisung glaubt, ist er gehorsam und geht den Weg ins Ungewisse hinein! Auch einige dieser Berichte sagen davon, wie auf Gottes Befehl im Gehorsam ein Glaubenswagnis eingegangen wurde und Gott dann erhörte und sich verherrlichte.
In welcher Weise das Gebet des Glaubens geführt werden soll, lehren uns diese Zeugnisse von erhörten Gebeten aus der Praxis heraus. Gott erwartet nicht, daß wir ins Blaue hinein glauben sollen, sondern es geht um den Glau-

ben an Sein Wort, das fester Anker für den Glauben ist. Der Glaubende hat mit der Zusage Gottes einen Schuldschein in die Hand bekommen, den er Gott immer neu vorhalten darf: „Vater, Du hast gesagt: Gebt, so wird euch gegeben! oder: Keiner wird zuschanden, der Dein harrt!" Manchmal kann dies auch ein Wort der Heiligen Schrift sein, das Gott uns in einer schweren Lage oder entscheidungsvollen Stunde persönlich gegeben hat. Ganz besonders wichtig ist bei dem Glaubensgebet, daß wir dabei in Dank und Anbetung die Allmacht Gottes rühmen oder sie über einer aussichtslosen Lage besingen, – denn im Danken nehmen wir. Und wo die Allmacht Gottes gerühmt wird, läßt Er Seinen Arm bewegen; wo Seine Vaterliebe besungen wird, neigt sich Sein Vaterherz liebend hernieder.

KINDLICHES GEBET

Weiter hat besondere Verheißung das kindliche Gebet. Immer wieder fordert uns Jesus auf, daß wir werden sollen wie die Kinder, denn denen gehört das Himmelreich, denen tut sich das Vaterherz auf. Sie bezwingen sozusagen des Vaters Herz durch die kindliche Art und Weise, da sie mit jeder kleinsten Not zum Vater kommen und um die kleinsten Dinge bitten. So sagt Jesus: Wenn schon ein irdischer Vater seinem Kind, das ihn um Brot bittet, keinen Stein geben kann, – wieviel mehr wird der Vater im Himmel uns,

Seinen Kindern, Gutes tun, wenn wir auch bittend wie solch ein Kind zu Ihm kommen (Luk. 11,13). Es geht also Gott bei unserem Gebet darum, daß es aus dem kindlichen Verhältnis der Liebe und des Vertrauens zu unserem himmlischen Vater kommt. Solch kindliches Vertrauen wird der Vater nicht enttäuschen, wenn es ein Gebet nach Seinem Willen war – es sei denn, daß eines der genannten Gebetshindernisse das Gebet zuschanden macht oder der Vater aus Erziehungsgründen mit einer Gabe noch zurückhält, um sie aber darnach um so reichlicher zu geben.

Gilt uns nicht vor allem das Wort der Schrift: „Ihr habt nicht, darum daß ihr nicht bittet" (Jak. 4,2), deshalb, weil uns das kindliche Gebet fehlt? Ja, weil wir vielfach so unkindlich sind und um viele kleine Dinge, die uns not sind, nicht bitten, bleiben wir arm und in mancherlei Nöten, können von wenig Gebetserhörung sagen, – oder auch, weil wir so reich sind, alles haben, uns mit allem eindecken, damit wir gar nicht in die Lage kommen, den Vater bitten zu müssen. Gott als der Vater möchte aber, daß wir viel bitten, daß wir mit allem, was uns fehlt, zu Ihm kommen. Er wartet auf bittende Kinder, die sich viel an Ihn wenden, weil es Ihm als Vater der Liebe eine Lust ist, uns Gutes zu tun und uns zu beschenken. Davon geben viele der vorausgegangenen Berichte Zeugnis. Sie möchten das Herz des himmlischen Vaters aufleuchten lassen, das lauter Liebe und Fürsorge ist und sich um die kleinste Not der Seinen kümmert und ihre Gebete erhört.

Die Schrift fordert die Beter weiter auf: „Haltet an am Gebet!" (Röm. 12,12), und sagt, daß wir nicht laß werden sollen. Dem beharrlichen Gebet ist nach der Schrift also auch Verheißung zugesagt. Es ist das nicht müde werdende Gebet, das sich nicht abschrecken läßt, wenn es keine Erfüllung, sondern oft das Gegenteil sieht. Zum anhaltenden Gebet gehört das geduldige Ausharren und Wartenkönnen auf die Erfüllung. So hat dies Gebet mit Demütigung zu tun, denn es demütigt mich, wenn ich warten muß, und läßt mich immer neu die Frage aufwerfen: Was ist der Grund, warum Du mein Gebet nicht erhören kannst? Ist eine Sünde als Gebetshindernis in meinem Leben?

Die Berichte zeigen uns jedoch, wie das Ende von anhaltendem Gebet meist ganz besonders wunderbare Erhörungen Gottes sind, da Er sich und Seine Größe und Macht dann um so mehr offenbart und Seine Ehre vor den Menschen großmacht. So trägt das anhaltende Gebet besondere Verheißung in sich. Es läßt große Dinge an dem Beter geschehen, der auf solchen Wegen des Harrens geläutert wird, und läßt den Beter große Dinge Gottes erleben. Beim anhaltenden Gebet sind wir aber zu einem Gebetseinsatz, einem richtigen Gebetskampf aufgefordert, wie wir ihn beim phönizischen Weib sehen oder wie Jesus es von der geilenden Witwe sagt. Dabei geht es um einen ähnlichen Kampf mit Gott wie bei Jakob am Jabbok, als Jakob sprach: „Ich lasse dich nicht, du segnest mich denn" (1.Mose 32,27). Und solches Gebet gefällt Gott, denn Jesus sagt, daß Gott um unseres unverschämten Geilens willen erhört (Luk. 11,8). Doch hier muß betont werden, daß Gott für solchen Gebetskampf nur Verheißung und Erhörung gibt, wenn wir dabei Gebete vorbringen, die in Jesu Namen geschehen und nach Seinem Sinn und Geist sind. Das heißt aber, daß damit eigenwilliges Gebet, zum Beispiel die Bitte, daß ein geliebter Mensch nicht heimgehe, nicht gemeint ist.

Für solches Gebetsringen gilt es im besonderen, sich auf die Verheißung und Zusage Gottes zu stellen, auf die hin wir beharrlich bis ans Ende durchhalten im Gebet. So zeigen die Berichte vom Gebetskampf und Glaubensweg zur Einnahme „Kanaans", wie solche Zusage Gottes ein Felsengrund in jahrelang aussichtsloser Lage ist. Gleiche Zusagen haben wir bei allen Bitten, bei denen es um das Reich Gottes geht, um Rettung und Verklärung von Menschenseelen. Solche Bitten sind stets im Namen Jesu, und Er wird sie erhören, wenn auch immer zu Seiner Zeit. Ein Eifern um das Reich Gottes, um Gottes Ehre macht dem Kommen Seines Reiches und Seinem Sieg Bahn. Es ist darum immer nach dem Willen Gottes und hat Verheißung.

ERNSTLICHES GEBET

Eine große Verheißung hat weiter das ernstliche Gebet. Von ihm sagt die Schrift, daß „es viel vermag" (Jak. 5,16). Also hat Gott diesem Gebet im besonderen Maße Erhörung zugesagt. Ernstliches Gebet, das liegt schon in dem Wort, ist kein Gebet, das so leicht dahingebetet wird, sondern das ein besonderes Schwergewicht, eine besondere Unterstreichung bekommen hat. Es wird verstärkt, dringlich gemacht durch kleine Opfer oder Hingaben an Zeit, Kraft, Gütern und dergleichen. Sehr eindrücklich zeigen die Berichte, daß in aussichtslosesten Lagen und Nöten, für die schon lange Tag für Tag Gebete zu Gott aufstiegen, ohne daß eine Antwort kam, diese Gebete dann erhört wurden, als sie ernstlich wurden, als Nachdruck darauf gelegt wurde durch mancherlei Opfer und Hingaben. Wie oft vermögen darum unsere Gebete nicht viel bei Gott auszurichten, weil Er sie nicht ernst nehmen kann, da sie uns selber nicht so ernst sind! Sonst würden wir mit anderem Nachdruck beten und unserem Gebet Schwergewicht geben.

DER WEG ZUM GEBET

Doch wie sollen wir nun zu dem kühn glaubenden, zu dem kindlich vertrauenden, wie sollen wir zu dem anhaltenden und ernstlichen Gebet und zum Gebet aus reumütigem Herzen kommen? Sind das nicht besonders begnadete Menschen, die so beten können? Nein, denn Gott sagt allen Christen von diesen Wegen des Gebets. Und in unserem Herrn Jesus Christus sind sie uns allen aufgetan. Es heißt nur praktisch den nächsten Schritt tun. In das Glaubensgebet brauche ich mich nicht hineinzusteigern, sondern ich muß mich nur auf Verheißungen, die der Herr in Seinem Wort oder mir persönlich in einer bestimmten Notlage gegeben hat, stellen. Sicher gibt es die Gabe des Glaubens als Gnadengabe des Geistes, wo es sich um große Aufträge im Reich Gottes handelt – doch wenn Jesus spricht: „Alles, was ihr bittet im Gebet, so ihr glaubet, daß es geschehe, wird es euch werden" (Mark. 11,24), so gilt dies jedem Christen für sein Gebetsleben.

Und wenn wir nach dem kindlichen Gebet streben, dann ist dies auch kein schwerer Weg. Da heißt es nur anfangen, mit allen Nöten zum Vater zu gehen und Ihm alles an Verlegenheiten und Bitten zu bringen im Vertrauen, daß Er erhört. Und wir werden sehen, Er weiß, wessen wir bedürfen, und antwortet auf unsere Bitten.

Auch das ernstliche Gebet ist zu lernen und kann uns geschenkt werden, indem wir den nächsten Schritt tun und es unterstreichen durch irgendeine Hingabe, die uns der Geist Gottes zeigt, ein kleines Opfer. So sagt unser Herr Jesus, daß „diese Art nicht ausfährt denn durch Beten und Fasten" (Matth. 17,21), und zeigt damit einen Weg zum ernstlichen Gebet im Fasten, das heißt im Enthalten von dem, was mir auf leiblichem, seelischem oder geistigem Gebiet Genuß bedeutet.

Oder beim Gebet aus gereinigtem Herzen geht es darum, daß ich meine Sünde bereut und bekannt habe und keine unvergebene Sünde zwischen Gott und mir oder Menschen stehen lasse. So heißt es hier auch den nächsten Schritt tun und bereinigen, worauf Gott in meinem Leben Seinen Finger legt, Gott und Menschen um Vergebung bitten und sich von diesem oder jenem scheiden – und der Weg zum erhörlichen Gebet ist frei.

Diese Zeugnisberichte von Gebetserhörungen malen uns Gott als Vater vor Augen und zeigen uns, wie Er nur darauf wartet, Gebete erhören zu können. Sie sagen uns, wie groß Seine Liebe zu uns, Seinen Kindern, und wie groß Seine Macht ist, in Ausweglosigkeiten und Unmöglichkeiten eine Wandlung zu geben. Wenn Jesus uns immer wieder auffordert zu beten, liegt darin schon Seine liebende Zusage, daß Er uns die Gnade des Gebets schenken wird. Denn Jesus fordert nichts von uns, was Er uns nicht zugleich schenkt. Und hat Er uns nicht auch dazu den Heiligen Geist verheißen, daß Er uns die Gnade des Gebets bringt? So wollen wir, wenn wir in Gebetsarmut stehen, sagen: „Ich glaube an den Heiligen Geist!" und Ihn anrufen. Er wird uns zu Betern machen.

Angesichts der Liebe des Dreieinigen Gottes, der uns die Gabe des Gebets gegeben hat, wollen nun auch diese Berichte Mut machen, mit den verschiedenen Gebetsarten zu beginnen oder uns noch mehr darin zu üben. Dieser Weg des Gebets hat sich in der Erfahrung als sicher erwiesen und führt zum Ziel. Jeder von uns kann darum erleben: Wir haben einen Gott, der Gebete erhört, der Wunder tut.

ZUR 12. AUFLAGE: KANAAN HEUTE

Über 20 Jahre sind seit dem ersten Erscheinen dieses Buches vergangen – in 32 Sprachen ist es übersetzt und rund um die Welt gelesen worden. Viele wurden dadurch angeregt, selbst ihren Fuß auf Glaubenswege zu setzen, und haben in mannigfacher Weise »Gottes Wirken heute erlebt« – und Gott hat sich verherrlicht.

Im Blick auf Kanaan wäre längst ein zweiter und dritter Band fällig über Gottes große Taten, die nicht aufgehört, sondern sich vervielfacht haben, besonders seitdem 1980 nach Gottes wunderbarem Plan ein neuer Abschnitt der Kanaangeschichte begonnen hat.

Aus vielen Ländern war immer wieder die dringliche Bitte gekommen, wir möchten Schwestern zu ihnen senden, damit auch dort ein kleines Kanaan entstünde. Doch die Stunde war noch nicht da; die Aufträge Kanaans waren so angewachsen, daß hier jeder gebraucht wurde. Aber 1980 zeigte der Herr, daß nun die Zeit einer weiteren Ausbreitung gekommen war – Kanaan-Niederlassungen in aller

Welt sollten gegründet werden und auf Kanaan selbst etliches reduziert, z. B. Rüstzeiten und Ruferspiele dafür geopfert werden. Vor allem bedeutete es für viele Schwestern das Opfer, ihr geliebtes Kanaan zu verlassen und dem Ruf Jesu zu folgen. Das brachte bei der innigen Verbundenheit, die unsere Kanaanfamilie prägt, viele Schmerzen mit sich. Aber Gott läßt sich nichts schenken! Inzwischen wurde es immer sichtbarer, wie überströmend der Herr jene Entscheidung segnete, wie Er selbst Seiner Botschaft in den Ländern Bahn machte und die Wege für die kleinen Kanaanzentren ebnete. Überall war schon eine Wohnung oder sogar ein Haus bereit oder fand sich bald eine Herberge für unsere Schwestern durch wunderbare Führungen Gottes. Nun ist Kanaan multipliziert in 17 Ländern mit 19 Niederlassungen, nicht nur in vielen europäischen Ländern, sondern auf allen fünf Erdteilen – von Westkanada bis zum Fernen Osten; und aus weiteren Ländern kommen solche Bitten. Einige dieser Niederlassungen sind schon zu einem richtigen »Kanaan« geworden, das eine entsprechende Gestaltung fand – bis hin zu »Jesu Leidensgarten« –, auf den gleichen Glaubenswegen angesichts mancher Unmöglichkeiten und unter den Erfahrungen der Realität Gottes wie im Ursprungsland. Das Zeugnis Kanaans wird damit viel weiter hinausgetragen, als es von hier aus möglich gewesen wäre. Überall geschieht so aufs neue Verherrlichung Gottes.

Diese vielen Kanaangründungen in kurzer Zeit ergäben schon ein neues »Realitätenbuch« für sich, auch in dem, wie unsere Schwestern dort die Vatergüte Gottes auf dem Glaubensweg der täglichen Versorgung wie im Mutterhaus erleben. In jedem

Land waren Menschen, die sich nach einem kleinen Kanaanzentrum sehnten und alles taten, dem Bahn zu machen. Jahrelang hatten unser Schrifttum oder die Rundfunkbotschaften sie gestärkt. Nun wollen sie »gelebtes Kanaanleben« unter sich haben, wollen hören, sehen, miterleben dürfen. Sie wollen Kanaanpraxis lernen im Blick auf Versöhnung, Lichtgemeinschaften, Glaubenskampf, erste Liebe zu Jesus. Ständig kommen von den Kanaanzentren Berichte über Gottes Wirken, Helfen und Wundertun, die oft atemberaubend sind.
Sobald unsere Schwestern im Land sind – sie können noch kaum die Sprache –, werden sie schon zu Diensten gerufen. Man möchte Rüstzeiten haben, mehr Kanaanschriften in der jeweiligen Landessprache, auch die Filme und Diaserien – man bittet sie um Reisedienste in umliegende Länder. Immer neue Türen gehen auf, jedesmal kommen Menschen von verschiedenen Kreisen und Denominationen zusammen. Ungezählte werden zu Gott gerufen, und Jesus erweckt viele, die Sein »Rufen um Mitternacht« hören, Ihm mit erster Liebe anhangen und dann auch andere rufen wollen, Ihn zu lieben. Überall dürfen unsere Schwestern das »Wasser des Lebens« noch weithin ausgießen helfen in unsere verdurstende und von Zerstörung bedrohte Welt. Es ist für uns nicht zu fassen, wie unaussprechlich groß Gottes Liebe, Macht und Möglichkeiten sind, wenn Er aus Seinem abgrundtiefen Leiden heraus noch einmal rufen und retten will.
Auch auf Kanaan selbst wirkte der Herr aus den Leiden des Verlassens und der Reduzierung Frucht und Segen. Ein Teil der Häuser wurde für einige Zeit an Rückwanderer vermietet. Aber Kanaan blieb Kanaan. Gottes Gegenwart lagert darauf wie

bisher, was Gäste immer wieder bezeugen, die schon nach einem Gang übers Land und vor allem durch Jesu Leidensgarten voll Dank sind für den empfangenen Segen. Neue Schwestern und Brüder sind inzwischen eingetreten, und der Auftrag des Ursprungslandes Kanaan ist weitreichender geworden als je zuvor. Denn der Herr zeigte einen Weg, wie in kurzer Zeit die uns aufgetragene Botschaft Unzähligen in aller Welt zu bringen ist, nämlich durch Filme und Videoprogramme. Nahezu ohne technische und sonstige Voraussetzungen erwuchs durch Gottes Führen und Eingreifen – ein ganz neuer Arbeitszweig. Nachdem in unserem Studio jahrelang viele Rundfunkprogramme entstanden waren, die nun zum Teil von unseren Niederlassungen in den verschiedenen Ländern weiter zum Ausstrahlen vermittelt werden, begann hier in den gleichen Räumen die Herstellung der Filme. So wurde Kanaan von neuem Leben erfüllt durch den weltweiten Film- und Videoauftrag. Dabei durften wir miterleben, wie es bei Gottes Liebe nie ein Begraben gibt ohne Auferstehen.
Auch diese Geschichten wären ein weiteres »Realitätenbuch« wert, denn der Herr machte Unmögliches möglich. Wir erlebten seit dem Beginn dieses Filmauftrages wohl mehr Wunder als all die Jahre zuvor. Dabei geht es insbesondere um Gott selbst, daß Sein wahres Bild, Seine Liebe den Menschen vor Augen gestellt werde – und zwar noch vor den kommenden Gerichten, da es für Millionen zu spät sein würde. Darum war es des Herrn Plan, viele, die auf keinem anderen Weg mehr zu erreichen sind, in der zunehmenden Dunkelheit und Bedrängnis unserer Zeit noch mit der Botschaft zu erreichen. Und wir erleben nun voll Dank, wie sich dies mehr und

mehr verwirklicht. Laufend kommen Nachrichten von unseren Schwestern aus verschiedenen Ländern, vor allem der englischsprachigen Welt, daß immer mehr Fernsehstationen – nicht nur christliche, sondern auch weltliche – die Filme und Kurzprogramme ausstrahlen, weil viele nach solcher inneren Stärkung und Ermutigung verlangen. »Durch den Glauben« begonnen, wächst dieser Auftrag und fordert immer neu unseren Glauben.

So ist Kanaan bei aller Wandlung des Auftrags Kanaan geblieben, ein Land der Verheißungen Gottes, ein Land, auf dem Sein Auge ruht, ein Land, in dem Er Wunder tut – auch die Wunder der Erhaltung. Denn jedesmal, wenn wir in einem Monat wieder die großen Ausgaben begleichen konnten, die mit dem kostspieligen Filmauftrag und dem Aufbau der neuen Kanaanzentren in aller Welt auf uns zukommen, ist dies ein Wunder für uns.
Seitenlang könnte man weiter berichten, was Gott getan hat. Das alles hätte nicht geschehen können, wenn wir den Ruf Gottes, nun »in alle Welt« zu gehen, nicht aufgenommen hätten. Aus dem Sterben – denn wir mußten ja manches »begraben«, was uns lieb war auf Kanaan – bricht Leben in so vielen Ländern auf. Dabei erfahren wir neu, wer Gott ist, der als Frucht der Leiden schon hier göttliche Freuden schenkt und dann noch viel mehr droben – der uns die Gnade gibt, daß wir in letzter Stunde noch in vielen Ländern an Jesu Reich mitbauen dürfen, an dem Reich, das nie untergehen wird.